Fach-
ratgeber
Klett-Cotta

HILFE
AUS
EIGENER
KRAFT

DOROTHEA WEINBERG

Verletzte Kinderseele

Was Eltern traumatisierter Kinder wissen müssen und wie sie richtig reagieren

Klett-Cotta

Klett-Cotta
www.klett-cotta.de

Printed in Germany
Umschlaggestaltung: Weiß-Freiburg GmbH – Graphik & Buchgestaltung
Titelbild: © drubig-photo–Fotolia
Gesetzt in den Tropen Studios, Leipzig
Gedruckt und gebunden von Kösel, Krugzell
ISBN 978-3-608-86048-1

Bibliografische Information der Deutschen Nationalbibliothek
Die Deutsche Nationalbibliothek verzeichnet diese Publikation
in der Deutschen Nationalbibliografie; detaillierte bibliografische
Daten sind im Internet über http://dnb.d-nb.de abrufbar

Schnelleinstieg

Inhalt

Vorwort

An wen richtet sich dieser Ratgeber?
An alle Menschen, die sich um Kinder kümmern, die durch seelisch schädigende Phasen ihres Lebens gehen mussten, so wie Vernachlässigung und Vereinsamung in den ersten Lebensjahren, Gewalt und sexueller Missbrauch durch Familienangehörige. Aber auch lebensbedrohliche oder schmerzüberflutende Erlebnisse, eigene Nahtoderfahrungen oder eigenes Sterben (vor Reanimation), plötzliche und unvorbereitete Trennungs-, Verlust- und Todeserfahrungen können die Verarbeitungsmöglichkeiten von Kindern leicht überfordern, sodass das Kind innerlich verändert aus diesen Situationen herauskommt: Ängste, Albträume, Schlafstörungen, Übererregungs- und Anspannungszustände – oder auch Apathie und Trancezustände – Aggressionen, Verlust des Urvertrauens und des Vertrauens in seine wichtigsten Bindungen und zunehmende Vermeidung angstbesetzter Situationen sind die typischen Zeichen einer überforderten Verarbeitung. Allerdings gibt es auch solche Verläufe, in denen das Kind scheinbar angepasst und zufrieden sein Leben wieder aufnimmt und erst Jahre später zusammenbricht – es war eben nur eine Scheinanpassung, zum Beispiel um die wichtigsten Bezugspersonen nicht zu überfordern oder um in einer chronisch bedrohlichen Familiensituation möglichst wenig aufzufallen oder gar Schwäche zu zeigen.

Der Ratgeber richtet sich insbesondere an leibliche Eltern und Elternteile, die sich um ein betroffenes Kind kümmern, als auch an aufnehmende Eltern, zum Beispiel Adoptiv-, Pflege- oder Kinderdorfeltern. Und darum spreche ich diese beiden Gruppen auch direkt an. Im familiären Alltag ist die emotionale Dichte so hoch, dass permanent sogenannte »Trigger« (s. S. 43) auftauchen, die traumabedingte Interaktionen und damit verbunden enormes Leid für die Eltern in Gang setzen. Alle anderen Leserinnen und Leser, die immer wieder mit traumatisierten Kindern zu tun haben wie LehrerInnen, PädagogInnen,

Großeltern etc. holen sich bitte die für sie wichtigen Informationen und Anregungen ebenso aus diesem Buch!

Liebe Eltern!
Ich will Ihnen zunächst etwas über mich erzählen, damit Sie meinen Erfahrungs- und Wissenshintergrund besser einschätzen können:

Ich habe mich schon immer zur Arbeit mit Kindern hingezogen gefühlt. Schon als 13-Jährige habe ich große Kindergruppen geleitet – manchmal waren es mehr als dreißig Kinder. Es ist also sicherlich eine Begabung und eine Passion in mir. Mit 18 Jahren habe ich ein halbes Jahr in einem Kinderheim als Erziehungspraktikantin gearbeitet und schnell meine ganz persönlichen Erfahrungen mit traumabedingten Interaktionen gemacht: Einmal sollte ich zum Beispiel einem Siebenjährigen die Haare schneiden, aber er saß partout nicht ruhig, kasperte immer mehr herum und wurde frech zu mir. Aus einem Impuls heraus habe ich ihm plötzlich eine Ohrfeige verpasst, worauf er sich brav hinsetzte, lächelte und seine Welt offensichtlich wieder in Ordnung war. Meine allerdings nicht. Aber er ließ sich anstandslos die Haare schneiden. Die Wohngruppenleiterin, der ich mein Fehlverhalten natürlich meldete, erklärte mir damals: Der kleine Junge war in seiner frühesten Kindheit von seiner Mutter verlassen worden, sein Vater hatte zusammen mit seiner eigenen Mutter versucht, sich um ihn zu kümmern. Obwohl er seinen Jungen lieb hatte, setzte es oft Schläge, weil er mit seinem renitenten Verhalten nicht anders umzugehen wusste. Als die Großmutter nicht mehr helfen konnte, kam der Kleine ins Heim und setzt dieses Verhalten fort: provozieren, bis der Erwachsene die Fassung verliert*. Was damals schon jedem klar war, dass es sich nämlich um einen Kreislauf von Provokation, Hilflosigkeitsgefühle, aggressive Affekthandlung und damit Klärung des Machtgefälles handelte. Und dass es sich – auch beim Erwachsenen – um ein Wieder-

* Es war damals das Jahr 1978, und in diesem von Diakonissen geführten Heim wurde körperliches Strafen abgelehnt. Die schwarze Heimpädagogik war damals im Westen aber erst seit Kurzem abgeschafft worden.

holen frühkindlicher Interaktionsmuster handelte. Und dass ein solches Handeln in unserer modernen demokratischen Gesellschaft in eine Sackgasse führt … Aber in diesem Buch soll deutlich werden, dass noch ganz andere Bedeutungsebenen und seelische Mechanismen mitspielen und ungewollt unser Handeln und Fühlen bestimmen. Und dass es hilfreich sein kann, diese zu verstehen und sich auf deren Auftreten aktiv vorzubereiten.

Ich habe diese kleine Erfahrung geschildert, um deutlich zu machen, dass ich Ihre Situation nicht für einfach halte. Denn das war ja nur eine Lappalie im Vergleich zu dem, was Sie vielleicht ganz häufig erleben: Einen Beschuss von Vorwürfen, Beschimpfungen, Beleidigungen, Angriffen, durchaus auch körperlicher Art, beklaut werden, belogen werden, ignoriert werden, abgelehnt werden … trotz all Ihrer aufopferungsvoller Mühe und Plage und oft auch Liebe für das Kind. Ich könnte es nicht besser machen als Sie – trotz meines Fachwissens und meiner Erfahrung.

Wissen und Erfahrung gründen auf meiner über dreißigjährigen kindertherapeutischen Praxis, einem exzellenten Studium der Psychologie mit kinderpsychologischem Schwerpunkt in Marburg, der Personzentrierten Psychotherapieausbildungen (nach Rogers) für Kinder und Erwachsene, einer zehnjährigen Arbeit in einem großen Kinderheim in Nürnberg als Psychologin, meiner Kinderpsychodramaausbildung, der Begegnung mit der kroatischen Traumapsychologin Irena Besic während des Krieges im ehemaligen Jugoslawien und in der Folge davon der Entwicklung meiner eigenen kindertraumapsychologischen Behandlungsmethoden, dem Aufbau unseres Kleinstkinderheimes Centar Duga im Nordwesten Bosniens und der Arbeit mit den dortigen Babys und Kleinstkindern und der daraus hervorgegangenen Entwicklung von Bindungstherapie – und aus der bald zwanzigjährigen Praxis als niedergelassene Kinderpsychotherapeutin mit Trauma- und Bindungsschwerpunkt in Nürnberg. Seit fünfzehn Jahren unterrichte ich meine eigenen traumatherapeutischen Behandlungsmethoden für KollegInnen und Traumapädagogik für Pflegeeltern.

Die Kommunikation (nonverbal, verbal), das Verhalten (aggressiv, erstarrt, apathisch oder scheinbar angepasst) und die Ausstrahlung (womöglich Außenstehenden gegenüber charmant und bezaubernd, aber im familiären Binnenraum wütend, oppositionell und / oder depressiv) dieser Kinder produzieren oftmals massive Verwirrungen und lassen dramatische zwischenmenschliche Dynamiken entstehen. Nicht weil sie es sich so wünschen, sondern weil sie tatsächlich sehr oft nicht anders können.

Bei alldem habe ich sehr viel gelernt: Von den Kindern und Eltern und ihren alltäglichen Kämpfen und von den Eltern, die in manchen Situationen plötzlich auf unerwartete Lösungen gestoßen sind. Oder von den Eltern, die durch ihre innere Einstellung zum Leben, zu sich selbst und zum Kind eine ganz besondere Ausstrahlung von Wärme, Ruhe und Kraft entwickelt haben, die sie ein Stück davor schützt, sich in die traumabedingten Interaktionen hineinziehen zu lassen. Und von den Eltern, die trotz aller trauma- und bindungspsychologischer Fachkenntnis, die sie sich angeeignet haben, ihr Kind niemals als einen »Fall von Traumafolgestörung« (z.B. Bindungsstörung, Borderline, Störung des Sozialverhaltens etc.) empfunden haben, sondern immer als einen ganz besonderen Menschen. Zum Aufbau des Buches:

Im ersten Kapitel werden Sie erfahren, was Psychotherapeuten unter einer Traumafolgestörung verstehen und welche Diagnosen hier greifen. Es handelt sich um ein anspruchsvolles Kapitel, welches Ihnen die Grundgedanken der Psychotraumatologie nahebringt. Es ist als Basis unverzichtbar, damit die nachfolgenden, eher an Ihren Problem ausgerichteten Kapitel verständlich werden. Fallgeschichten und Übungen (besonders auch im Anhang des Buches) werden Ihnen helfen, mit schwierigen Situationen besser umzugehen.

Zum Abschluss noch ein kurzer Satz zu mir: Ich selbst habe zwei wunderbare Töchter, die mich auf ihre je eigene und äußerst lebhafte Art auch oft genug hart auf die Probe gestellt haben – aber glücklicherweise sind sie jetzt erwachsen.

Was dieses Buch alles nicht leisten kann:

- Ihnen Ihre Probleme abnehmen
- Patentrezepte geben
- Ihnen fundierte Informationen über den Einsatz von Psychopharmaka geben
- Einen umfangreichen Wissens- und Forschungsstand zu den traumapsychologischen, neurologischen, gesundheitlichen, genetischen und epigenetischen Folgen von unverarbeiteten und nicht integrierten traumatischen Erfahrungen vermitteln*
- Einen allgemeinen Überblick über psychotherapeutische Behandlungsmethoden von Traumafolgeerkrankungen bei Kindern geben**
- Die rechtlichen Rahmenbedingungen zu Umgang, Sorgerecht oder Strafverfahren erläutern.
- …

Was ich als Autorin nicht leisten kann:
Eigentlich scheint mir dieses Büchlein das schwierigste zu sein, das ich bisher geschrieben habe. In meinen anderen Publikationen habe ich meine traumatherapeutischen Konzepte und Erfahrungen begründet und dargestellt und bin damit in meinem klar umschriebenen Berufsfeld geblieben. Jetzt wage ich mich in ein riesiges, turbulentes Feld hinaus, in dem ich mich nicht selbst bewege, sondern mir nur von allen Beteiligten erzählen lasse: Das Feld der Familien, der Erziehungskonflikte, der emotionalen Explosionen und Implosionen … Dabei ist jede Familienkonstellation einmalig und ganz besonders.

Wenn Sie fachlichen Rat für Ihre Situation benötigen, empfehle ich Ihnen, mit diesem Buch zum Jugendamt oder zur Erziehungsbera-

---

* Dafür lesen Sie bitte meine Bücher »Traumatherapie mit Kindern« (Klett-Cotta, 2005, jetzt in fünfter Auflage) und »Psychotherapie mit komplex traumatisierten Kindern« (Klett-Cotta, 2010, jetzt in zweiter Auflage).

** Hierfür empfehle ich: Markus Landolt / Thomas Hensel (Hg.), Traumatherapie bei Kindern und Jugendlichen, Hogrefe, 2012. Wer sich in meine eigenen Verfahren intensiver einlesen will, mache das bitte anhand der oben angegebenen Bücher!

tungsstelle zu gehen und diese Stellen zu bitten, Ihnen eine/n Behandler/in zu vermitteln, die/der in diesem Sinne arbeitet! Ich habe viele Fachleute entsprechend ausgebildet. Von einer Kontaktaufnahme zu mir bitte ich abzusehen, da meine Praxis ohnehin völlig ausgelastet ist. Vielen Dank!

1 Was versteht man unter Traumafolgestörungen?

Schwierige Kinder – Jede Diagnose kann eine Traumafolgestörung sein

Sie haben sicherlich schon einmal von der Diagnose des »Posttraumatischen Belastungssyndroms« (PTBS) gehört. Man könnte leicht denken, dass PTBS die richtige Diagnose für alle Fälle von traumatischen Erfahrungen ist, die zu seelischen Problemen geführt haben. Es ist aber leider komplizierter. Fast alle seelischen Krankheiten können direkte Folgen einer unzureichenden Verarbeitung von traumatischen Erfahrungen sein. Das heißt im Umkehrschluss aber nicht, dass alle psychischen Störungen auf Traumata zurückgehen, denn sie können auch aus ganz anderen Gründen entstanden sein. Bei folgenden Auffälligkeiten sollte immer die Möglichkeit einer vorangegangenen Traumatisierung in Betracht gezogen werden: Bei Angststörungen wie Trennungsangst, Überängstlichkeit, Phobien und Panikattacken sollten wir immer fragen: »Gab es ein Schockerlebnis, bevor die Probleme begannen?« Denn wenn die Ängste in Wirklichkeit eine Traumafolge-Erkrankung darstellen, müssen sie auch so behandelt werden und nicht wie eine »normale« Angsterkrankung!

Dasselbe gilt für die oppositionell-aufsässige Verhaltensstörung, für die hyperkinetisch-unaufmerksamen und verträumt-unaufmerksamen Störungsbilder, für aggressives und dissoziales Verhalten.

Dies gilt sowieso für depressive, anhaltend traurige, apathisch-lustlose Dauerzustände, aber auch zum Beispiel für ein scheinbar ferner liegendes Störungsbild wie die sogenannte »sekundäre Enuresis« (ein Rückfall ins Einnässen, nachdem das Kind schon stabil trocken gewesen ist) und sogar die primäre Enuresis (wenn das Kind also noch nie über einen längeren Zeitraum trocken war), die ja fast immer Folge einer Reifungsverzögerung im Nervensystem ist.

Selbst bei autistischen Störungsbildern, die ja an sich eine starke genetische Komponente haben, sollte man bedenken, dass eine anhaltende frühe emotionale Verwahrlosung und Verlassenheit sehr oft autistisch anmutendes Verhalten produziert, welches dann Ausdruck einer schweren Bindungsstörung ist und leicht verwechselt werden kann. Auch hier bräuchte es aber eine ganz andere Behandlung als eine Autismus-Behandlung, nämlich eine Behandlung des Bindungstraumas!

Generell sollten Kinderpsychologen und -therapeuten und alle, die ein psychisch auffälliges Kind begleiten, bei jeder Traumafolgestörung immer darauf achten, wie sicher sich ein Kind erlebt und ob die Bindungsfähigkeit und -entwicklung betroffen ist. Denn typischerweise hat die Traumaerfahrung das Vertrauen in die Bezugspersonen, dass sie das Kind schützen und emotional auffangen können und wollen, beschädigt.

Nach meiner Erfahrung müsste die Diagnose der Posttraumatischen Belastungsstörung (PTBS) in Kliniken und Praxen häufiger gestellt werden. Dies wird unterlassen, weil es ein Problem mit der Diagnostik gibt.

Aber schauen wir uns also zunächst einmal die wichtigsten Diagnosen an.

Die akute Belastungsreaktion

Kinder reagieren nach Schockerfahrungen häufig unmittelbar mit veränderten Emotionen und ungewohntem Verhalten: Zunächst tritt schlagartig ein Gefühl der Betäubung auf, meist gepaart mit einem intensiven Erlebniseindruck der Schocksituation. Wenn sich das Bedrohungserlebnis schnell beenden lässt und das Kind nicht emotional allein gelassen war, können dann zwar noch heftige Affekte auftauchen, aber diese lösen sich meist nach Stunden oder wenigen Tagen auch auf.

Die einfache posttraumatische Belastungsreaktion

Wird aber ein Gefühl von Sicherheit und Aufgehobenheit nicht schnell wiederhergestellt, bleibt das Kind in einem Zustand innerer Erstarrung, einem Gefühl, neben sich zu stehen und kraftlos zu sein, zurück. Oder aus den anderen motorischen Stressreaktionen (Kampf, Flucht und Täuschung) bleiben ein ungewöhnlicher Bewegungsdrang, ein unstillbares Mitteilungsbedürfnis, aggressive Übererregung oder auch Vermeidungsverhalten, Anklammern und Furchtäußerungen zurück. Andere Kinder zeigen ein erstaunliches »alltagstaugliches« Funktionieren, von dem sie sich aber doch wie abgetrennt fühlen. Betroffene sind oft schreckhaft und überwachsam, können sich nicht gut entspannen, schlafen schlecht ein und durch, haben Albträume und tagsüber sogenannte »intrusive Erinnerungen«: Dabei spielen sich die sinnlichen Erlebniseindrücke während der Schockerfahrung im Kopf immer wieder ab und können nicht willentlich verhindert oder beendet werden. Die Kinder vermeiden immer mehr Situationen, die sie womöglich an das schreckliche Erlebnis erinnern könnten. Wenn diese Probleme sich nach Tagen oder allerspätestens acht Wochen nicht gelöst haben – und dafür können Sie als Bezugspersonen viel tun –, muss man von einer Posttraumatischen Belastungsstörung sprechen.

Der weitere Verlauf jeder Traumafolgeerkrankung Ihres Kindes hängt jetzt tatsächlich stark von Ihnen als Bezugspersonen ab. Denn wenn Sie sich über die Schwangerschaft und Ihr Baby freuen konnten und Sie haben Schwangerschaft, Geburt und die ersten Lebensjahre Ihres Kindes ohne größere Mangelerlebnisse (z. B. selbst viel zu wenig unterstützt und eingebettet zu sein), Schocks (z. B. plötzliche schwere Verluste) und schwerwiegende Krankheiten durchlebt (z. B. postnatale Depression oder Suchterkrankungen), und wenn Sie Ihr Kind (auch mit seinem Geschlecht, Wesenszügen oder möglicherweise Behinderungen) mit offenem Herzen annehmen konnten und seine ersten vier bis sechs Lebensjahre trotz aller Sorgen und Belastungen als schön erlebt haben … Dann, ja dann ist Ihnen etwas Wunderbares gelungen, was nicht nur Ihnen selbst zu verdanken ist, sondern üblicherweise auch Ihrem emotionalen Umfeld und Ihrer eigenen Ursprungsfamilie. Denn vermutlich gab es in Ihrem Leben wichtige Bezugspersonen, die Ihnen ein offenes Herz und emotionalen Halt gegeben haben, als Sie selbst noch klein waren. Auch wenn dies nicht Ihre leibliche Mutter gewesen sein sollte. Das alles sind wichtige Voraussetzungen, die Sie befähigten, einfühlsam, emotional belastbar und intuitiv strukturierend mit Ihrem kleinen Kind umzugehen. Dadurch konnte es Bindungssicherheit aufbauen und Fähigkeiten entwickeln, eigene negative Gefühlsstürme Ihnen gegenüber auszudrücken, aber sich auch selbst ein Stückchen zu beruhigen. Wenn das so gelaufen ist, haben Sie gute Chancen, dass Sie die seelische Not Ihres Kindes bemerken und darauf frühzeitig reagieren werden. Das sind üblicherweise die Kinder, bei denen es bei einer »einfachen« PTBS bleibt.

»Beispiel: *Ihr Kind erleidet mit sechs Jahren einen bedrohlichen Tierangriff oder einen Verkehrsunfall mit erheblichen Verletzungen, und die Versorgung wird den medizinisch-körperlichen Erfordernissen unterworfen. Dabei kommen leicht seine emotionalen Bedürfnisse nach Beruhigung durch Ihren Körper und nach emotionalem Halt unter die Räder. Dadurch wird der seelische Schockzustand verlängert, auch wenn die organische Schockreaktion medizinisch behandelt wurde. Die instinktiven Kampf- und Fluchtaktivierungen während der traumatischen Erfahrung bleiben unter der übermächtigen Erstarrungsreaktion erhalten, der übermächtige und nicht verarbeitbare Erlebniseindruck des Heranrasens, Zusammenprallens und Überwältigtwerdens von Eindrücken und Schmerzen, womöglich des Aufgebens und Loslassens von Lebensenergie und -wille … dies alles prägt sich schlagartig und über alle sinnlichen Wahrnehmungskanäle in den Organismus ein. Spezielle, für Schockerfahrungen zuständige Wahrnehmungs-, Speicherungs- und Gedächtnismechanismen setzen ein, die nicht auf die psychische Ver-*

arbeitung des Erlebten zielen, sondern auf dessen Isolation. Denn nur durch Abspaltung des Unerträglichen kann der Organismus weiter funktionieren, was ja – biologisch gesehen – das Überleben wahrscheinlicher macht.

Diese Abläufe verschärfen wir ungewollt, indem unsere westliche, von Leistungsdenken und Individualitätsstreben geprägte Kultur folgende biologischen »Enttraumatisierungsprogramme« unterdrückt:

- Zittern – wir beißen lieber die Zähne zusammen, wir reißen uns zusammen, wir wollen Haltung bewahren, nicht die Kontrolle über uns verlieren, nicht als verrückt dastehen, wenn unsere Zähne klappern und der ganze Körper schlackert – womöglich stundenlang. Interessanterweise geben wir dieses Tabu unbewusst an unsere Kinder weiter.
- Körperliche Nähe – wir setzen sehr auf körperliche Distanz (Maxi-Cosi, Kinderwagen, eigenes Bettchen, eigenes Zimmer, Beschäftigung durch technisch- bzw. sogar elektronisch-basierte Rundumunterhaltung …) und individuelle Lösungskompetenz des Einzelnen. Wenn jemand in seelischer Not ist, nehmen wir ihn viel zu selten in den Arm und erst recht nicht in die Herz-zu-Herz-Position, die am besten beruhigen kann.

Dennoch ist es so, dass Eltern, die eine sichere Bindung zu ihrem kleinen Kind herstellen konnten, normalerweise intuitiv im Notfall ihr Kind in die Herz-zu-Herz-Position bringen, es mit ihrem Stimmklang und Atmen, mit ihrem Körpergeruch und rhythmischer Bewegung beruhigen und ihm so die wichtigste Botschaft im Notfall vermitteln: »Du bist nicht allein!«

Wenn aber nicht sehr schnell Schutz, körperliche Nähe, Trost und Beruhigung gegeben werden, kann ein solches Ereignis meist nicht seelisch verarbeitet werden. Der Seelenkörper des Kindes verbleibt in der Schockstarre oder in der Übererregung und reagiert dann mit Symptomen der

- Übererregung (zum Beispiel Schreckhaftigkeit, Wachsamkeit, körperliche Unruhe, Aggressivität, Schlaflosigkeit …)
- Wiedererlebens (Albträume, Flashbacks, sich aufdrängende [intrusive] Erinnerungen, Reinszenierungen im Spiel, posttraumatische Spiele, in denen nur noch gewalttätige Dinge passieren und es nur Täter und Opfer gibt …)
- Vermeidung (von Aktivitäten, Gesprächsthemen und Situationen, die Erinnerungen auslösen könnten; von Ruhephasen und Abgabe von Kontrolle; emotionales Betäubtsein oder Teilnahmslosigkeit, Rückfall in einen Kleinkindzustand, als es sich noch sicher gefühlt hat).

Nur wenn aus jedem dieser drei Bereiche Symptome festgestellt werden, wird eine Posttraumatische Belastungsstörung diagnostiziert.

Damit ergibt sich auch schon das oben angesprochene Problem der Diagnostik. Denn in psychiatrischen Untersuchungen werden die Eltern häufig nicht nach Traum-Inhalten, spontanem Spielverhalten, merkwürdigen Aussetzern, Triggern etc. gefragt. So kommt der Bereich des Wiedererlebens gar nicht ins Blickfeld. Auch die Kinder werden nur selten nach ihren Träumen gefragt. Noch seltener werden Rollenspiele angeboten, obgleich man dabei die wichtigsten Verhaltensbeobachtungen machen könnte.

Mit einem Stapel Fragebögen und Tests kann man auf jeden Fall nicht viel herausfinden. Dieser Mangel in der diagnostischen Methodik führt dementsprechend zu einer eklatanten Unterschätzung der Wiedererlebenssymptomatik und damit des Vorkommens der PTBS!

Die einfache PTBS erzeugt zwar großes Leiden, kann aber heute durch die modernen traumatherapeutischen Behandlungsmethoden sehr gut geheilt werden.

Natürlich kann ein junger Mensch auch von einer Mehrzahl von traumatisierenden Ereignissen getroffen werden, z. B. Opfer eines Verkehrsunfalles, Zeuge eines Brandes mit Verletzten (denken Sie allein an die Schmerzensschreie!), Opfer sexuellen Missbrauchs durch einen

Nachbarn. Hier sprechen wir von multipler Traumatisierung, die ebenfalls sehr gut auf traumapsychologische Behandlung anspricht, die natürlich länger dauert.

Bei den unendlich vielen Ereignissen, die die individuellen psychischen Bewältigungspotentiale massiv überfordern, unterscheidet die Traumapsychologie zwei Gruppen: einerseits die Natur- oder Technikkatastrophen und andererseits sogenanntes »Man-made-Desaster«, also von Menschen verursachtes Unheil. Mir selbst ist es wichtig, beim »Man-made-Desaster« danach zu fragen, wie nah die verursachenden Menschen dem Kind stehen: je näher, desto dramatischer sind die psychischen Folgen! Und damit kommen wir zur »komplexen PTBS«.

Die komplexe posttraumatische Belastungsreaktion

Dieser Begriff kommt zwar nicht in den offiziellen Diagnosekatalogen vor, aber in der traumapsychologischen Diskussion nimmt er dennoch einen festen Stellenwert ein. Damit bezeichnet man die Auswirkung von sich lange Zeit hinziehenden oder sich wiederholenden traumatisierenden Ereignissen, die seelisch nicht verarbeitet werden können. Diese finden dann auch typischerweise im sozialen Nahraum statt, womöglich durch Identifikationsfiguren für das Kind wie Verwandte, Freunde der Familie oder Nachbarn. Noch dramatischer sind die Folgen, wenn es die Eltern selbst sind. Damit »wuchern« diese Erfahrungen extrem in die Identitätsentwicklung des Kindes hinein und bestimmen sein Selbstkonzept. Die Frage eines sexuell missbrauchten Kindes »wer bin ich, dass er so was mit mir macht?« wird dann meistens mit »ich bin ein schlechtes Kind« beantwortet. Oder wenn die Mutter sich suizidierte (oder es »nur« versucht hat), wird die Frage »wer bin ich, dass die Mama sich getötet hat / töten wollte?« beantwortet mit »ich bin schuld daran!« oder »ich bin es ihr nicht wert gewesen weiterzuleben!«

Da außerdem lange Zeiträume in der Entwicklungsperiode der Kindheit durch solche traumatisierende Ereignisse »vergiftet« werden, koppeln sich die Kinder von vielem ab:

- einerseits von den normalen und vielfältigen Entwicklungen der Alterskameraden
- und andererseits von ihrem eigenen leibseelischen Erleben, das unerträglich ist und deswegen über lange Kindheitsjahre dissoziiert – also abgespalten – wird.

Dadurch ist die komplexe Posttraumatische Belastungsstörung ein viel tieferes und nachhaltigeres Störungsbild als die einfache oder multiple PTBS. Sie ist dadurch auch viel zeitintensiver und selbstverständlich komplizierter in der psychotherapeutischen Behandlung, da sie zusätzlich eine bindungs- und dissoziationspsychologische Behandlung erfordert.

Die komplexe Entwicklungsstörung nach Frühtraumatisierung (KEF)

Auch diesen Begriff gibt es nicht in den Diagnosekatalogen. Er ist von mir in meinem Fachbuch »Bindungstherapie mit komplex traumatisierten Kindern« (2010) eingeführt worden, um die sehr spezielle und unverwechselbare Besonderheit der Frühtraumatisierung herauszustellen.

Frühtraumatisierung bedeutet schädigende Einwirkungen in Schwangerschaft, während und nach der Geburt und in den ersten drei Lebensjahren. In dieser Zeit ist sowohl das menschliche Gehirn als auch das stresssensible vegetative Nervensystem extrem empfindsam: Es befindet sich in einem dermaßen unreifen Zustand, dass der Einfluss von Giften wie Alkohol, Nikotin, Drogen oder bestimmte Medikamente, Blei etc. dramatische Auswirkungen hat. Aber auch Affekte von Ablehnung oder gar Hass oder Ignorieren in Bezug auf das werdende Leben, oder ein fehlgeschlagener Schwangerschaftsabbruch.

Ebenso zählt chronifizierter Stress bei der Mutter während der Schwangerschaft zu den schädigenden Einflussfaktoren. Weiterhin lebensbedrohliche Zustände bei Mutter und / oder Kind während der Schwangerschaft oder Geburt (z. B. durch Gewalteinwirkung, schweren Erkrankungen, Plazenta-Insuffizienz, Sauerstoffmangel, Todesangst …), die außerdem noch womöglich zu einer Frühgeburt führten. Eine erhebliche Frühgeburt kann wiederum ein Schock für Mutter und Kind bedeuten und schwerwiegende Bindungsprobleme und Entwicklungsbeeinträchtigungen verursachen.

Diese Aufzählung erhebt keinen Anspruch auf Vollständigkeit, aber klar ist, dass sich nach der Geburt die Zahl der schädigenden Umstände und Verhaltensweisen um ein Vielfaches erhöht, weil dann die biologische Versorgung durch Uterus und Plazenta weggefallen ist und ab da die kindliche Existenz zu hundert Prozent vom Handeln der Erwachsenen abhängt. Vernachlässigung, allein lassen, Verlassen, den falschen Personen überlassen, Unterversorgung, Ablehnung, emotionale und erst recht tätliche Aggression (z. B. Schütteln) gegen das Kind und auch im Umfeld des Kindes – es gibt so viel, was der allgemeinen und seelischen Entwicklung und dem Aufbau des Gehirns in dieser Zeit bleibenden Schaden zufügen kann!

So entstehen kaum zu heilende Verletzungen und Beschädigungen von Bindungsfähigkeit und Bindungsentwicklung im Kind. Urvertrauen kann nicht aufgebaut werden. Die Grundüberzeugung und das Selbstkonzept dieser Kinder ist: »Ich kann mich auf niemanden verlassen«, oder gar »Ich darf niemandem vertrauen«, und am schlimmsten: »Ich bin ganz allein.« Darüber hinaus aber misslingt die zentrale Entwicklungsaufgabe des Gehirns, sich in Masse, Vernetzung der Areale und Geschwindigkeit der neuronalen Verbindungen rasant zu entwickeln – mit eklatanten Auswirkungen auf die Alltagsbewältigung.

Normal gut umsorgte und emotional sicher gebundene Kinder zeigen spätestens mit drei Jahren erste Fähigkeiten, sich selbst zu beruhigen. Diese »Affektregulation« genannte Fähigkeit können aber KEF-Kinder meist bis zu ihrem Lebensende nicht entwickeln. Denn durch die schlimmen Erlebnisse sind die dadurch hervorgerufenen Körperwahrnehmungen (z. B. Hunger, Durst, Schmerzen, Aufgeben, Leben loslassen) und Affekte (z. B. Angst, Aggression, Einsamkeitsgefühl, Hoffnungslosigkeit) viel extremer als bei normalen Kindern, und die für die Selbstberuhigung notwendigen Schaltkreise im Gehirn wurden nie aufgebaut.

Die Fähigkeiten im geistigen Erfassen, Merken und Erinnern und im Sozialverhalten entwickeln sich meist lückenhaft, weil diese von einem Areal der Hirnrinde zur Verfügung gestellt werden, das noch stärker als andere von Vernachlässigungserfahrungen betroffen ist: der Präfrontale Cortex wächst noch einmal schlechter als alle anderen Areale und bringt im späteren Leben keine Planungsfähigkeit hervor, geschweige denn Selbstdisziplin und Selbststrukturierung, um ein erwünschtes Ziel in etwas weiterer Zukunft zu erreichen. Oder die Fähigkeit, sich selbst aus den Augen seines Gegenübers zu betrachten: »Wie mag das wohl für den Jonas sein, wenn ich ihm vors Schienbein trete?« »Was hat das für Konsequenzen? Wird er mich dann noch zu seinem Geburtstag einladen?«

Auch die Fähigkeit, affektgetriebene Handlungsimpulse zu bremsen und womöglich umzusteuern, z. B. nicht umgehend Rache zu üben oder bei eigenem Scheitern nicht alles hinzuschmeißen (Frustrationstoleranz). Und vieles mehr: Der schmale präfrontale Cortex der KEF-Kinder gibt all dies nicht her und es lässt sich auch nicht anerziehen!

Dazu kommen Beeinträchtigungen in der grob- und feinmotorischen Koordination, im Gleichgewichtssinn, in der Reflexintegration und in der sensorischen Wahrnehmung des eigenen Körpers: Selbst zugefügte Schmerzen werden kaum gespürt – dagegen fremdverursachte Einwirkungen auf den Körper als extrem bedrohlich und schmerzhaft erlebt. Dies ist in vielen Fällen der Grund für die exzessive Arztangst und die übertriebenen Reaktionen auf ungewollte oder unvorhergesehene Berührungen von anderen. Insgesamt ist ihre Körperwahrnehmung stark beeinträchtigt, sie genießen ihren Körper nicht und sind erst recht nicht glücklich mit ihm.

Damit zusammenhängend gibt es noch ein weiteres besonders heikles Thema: die sexuelle Entwicklung des vernachlässigten und allein gelassenen Kindes. Schon in der Kindheit fällt gehäuft eine exzessive Masturbation auf, zuweilen auch der Drang, andere Kinder oder Erwachsene dabei einzubeziehen. Nur durch genitale Stimulation kann es seinen Körper deutlich spüren, erleben und genießen. Nur dadurch kann es die bedrückende Leere im Inneren für kurze Zeit ausfüllen, Freude, Trost, Entspannung und angenehme Erregung selbst in sich bewirken. Denn die genitalen Zonen sind um den Faktor 10 dichter mit sensorischen Nervenendigungen ausgestattet, sodass sogar ein Kind mit einem noch nicht vollständig entwickeltem Nervensystem und Gehirn in diesen Regionen spüren und erleben kann.

Nun kann man sich sicherlich leicht vorstellen, dass diese Kinder auch noch viel häufiger mit Gewalterfahrungen gegen den eigenen Körper oder gegen Menschen in ihrem Nahbereich zu tun bekommen. Oder mit sexuellen Handlungen an seinem Körper oder in seinem Nahbereich, dann wird die Problematik der komplexen Entwicklungsstörung nach Frühtraumatisierung um ein Vielfaches noch schlimmer: Versagens-, Verlust- und Todesängste werden panisch, Wut wird zu ungesteuerten Aggressionsausbrüchen, und das Selbstbewusstsein wechselt abrupt von völlig überhöht zu völlig am Boden.

Spätestens jetzt müssen wir über traumaverursachte Veränderungen im Gehirn und über Dissoziation sprechen.

Gehirn, Trauma, Dissoziation und Ego-State-Wechsel

Sehr viel, was man mit traumatisierten Menschen erlebt, lässt sich auf eine einfache Formel bringen: Gerät die Amygdala in Übererregung, blockiert der Hippocampus. Und dann ist kein situationsangemessenes Empfinden und Verhalten mehr möglich.

Was heißt das nun?

Die Amygdala ist eine mandelförmige Hirnstruktur auf der linken und rechten Seite des Zwischenhirnes, welches selbst wiederum in seiner Anlage und Funktion im Großen und Ganzen aus der Zeit der Reptilien stammt. Die Amygdala – zu Deutsch »Mandelkern« – ist eine blitzschnelle Rückmeldezentrale für unsere momentanen Wahrnehmungen aus der Umgebung und aus dem Körper: Gut versus schlecht, sicher versus unsicher, angenehm versus unangenehm – das alles wird bewertet und unmittelbar handlungsleitend weitergegeben. Es handelt sich dabei keineswegs um geistige Überlegungen oder gar philosophische Abwägungen. Vielmehr reagiert die Amygdala mit Erregungen, die unbewusste Affekttönungen verursachen.

Solange sich die Erregung der Amygdala in einem zuträglichen mittleren Bereich, dem sogenannten »Toleranzfenster«, bewegt, kann das Gehirn über seine gesamten Kapazitäten verfügen. Im obersten Erregungsbereich innerhalb dieses Toleranzfensters ist das Gehirn sogar besonders wach, weil die Amygdala auf bestimmte Wahrnehmungen Alarmsignale ausgegeben hat, die die Aufmerksamkeit und Kreativität des gesamten Gehirns nach oben fahren lassen: Hallo! Was ist hier los!? Was habe ich alles an Erfahrungen, Kompetenzen und Ideen dazu?! Es ist also eine umfassende Weckreaktion, die mit einem ersten kurzen »freeze« verbunden ist, indem sich die gesamten Energien des Individuums aufstauen und bündeln für die dann eingeleitete situationsangemessene Aktivität. Hier ist jetzt die ganze Bandbreite möglich: Angefangen von den archaischen – aber noch in die gesamten Hirnabläufe integrierten – motorischen Stressreaktionen wie Kampf, Flucht und Erstarrung – und nach meiner Überzeugung auch Täuschung – zur Überlebenssicherung bis hin zu hochkomplexen Lösungen körperlicher, geistiger und emotionaler Art.

Wenn aber die Gefahr-Rückmeldung der Amygdala noch weiter steigt, überschreitet sie den Punkt, bis zu dem sie dem Individuum noch eigene integrierte Lösungsmöglichkeiten zuschreibt. Die Erregung überschreitet jetzt das Toleranzfenster, und extreme Affekte wie Panik, Todesängste, totale Hilflosigkeit werden ausgelöst. In diesem Moment wird der Hippocampus blockiert, damit die motorischen Stressreaktionen komplett ungehemmt ablaufen können.

Der Hippocampus ist ebenfalls eine sehr alte Struktur im rechten und linken Zwischenhirn, die allerdings ihre Funktion seit der Reptilienzeit weiterentwickelt hat. Sie gibt den ins Gehirn einströmenden Reizen eine sinnvolle Ordnung in Raum, Zeit und Bedeutung. Was durch den Hippocampus solchermaßen sortiert und geordnet wurde, kann dann von ihm in den sogenannten Assoziationsarealen des Großhirns so gespeichert werden, dass alle Sinneseindrücke, Gefühle und Gedanken, die man miteinander erlebt hat, auch miteinander vernetzt gespeichert werden. Später können sie dann auch geordnet und im Zusammenhang aller Sinnesqualitäten, Raum, Zeit, Handlungen, Gefühle und Gedanken, erinnert werden.
Der aktive Hippocampus ermöglicht also die Integration unseres Erlebens, Abspeicherns und Erinnerns. Wird er aber durch die Übererregung der Amygdala blockiert, fallen diese integrierenden Funktionen weg.

Die Übererregung in der Amygdala bekommt jetzt die Affekttönung von Panik, Todesangst oder Tötungslust. In diesem Moment wird der Hippocampus blockiert, die Vernetzungen und damit Differenzierungen dissoziiert, und nur noch archaische von jeder Hemmung befreite motorische Kampf-, Flucht- oder Täuschungsreaktionen übernehmen die Handlung. Was dann passiert, ist von einer Wucht, die Außenstehende oft fassungslos zurücklässt – und es ist typischerweise im Nachhinein nicht erinnerlich. Oder die Handlungen und Ereignisse sind erinnerlich, aber die dazugehörigen Affekte und Emotionen sind nicht dabei. Dann bekommt man später zum Beispiel einen trockenen Faktenbericht, bei dem man nicht spüren kann, dass dieser nüchtern erzählende Mensch tatsächlich so etwas Grässliches oder Unsägliches erlebt haben soll. Oder die Erlebnisse sind erinnerlich, können aber nicht verbalisiert werden, weil die Verbindung zum Brocaschen Sprachzentrum blockiert ist. Dies sind mögliche Formen der Dissoziation, d.h. einer vorübergehenden und teilweisen Blockierung im Zusammenspiel kortikaler Funktionen.

Wenn die Übererregung der Amygdala aber noch weiter steigt, bedeutet das Ausmaß der wahrgenommenen Gefahr, dass das Individuum hoffnungslos überfordert ist. Ist es dann allein in seinem Überlebenskampf, kann es nicht auf Rettung hoffen und lässt alle Hoffnung fahren, gibt auf, wird schlaff, rutscht in einen Trance-Zustand, der Schmerzen und Sterben abmildert, oder verliert ganz das Bewusstsein. Auch diese Phase wird durch dissoziative Abkopplungen erleichtert. Dazu gehört zum Beispiel das subjektiv erlebte Hinaustreten aus dem eigenen Körper und das Sich-von-außen-Beobachten.

Dissoziation bewirkt eine Abkopplung von normalerweise integrierten kortikalen Abläufen untereinander. Dissoziation ist ein unbewusst gesteuerter Schutzmechanismus gegen von der Amygdala als gefährlich bewertete Erlebnisse. Da es unendlich viele kortikale Abläufe gibt, die abgekoppelt werden können, kann Dissoziation zu einer fast unendlichen Vielfalt von Symptomen führen. Körper und Seele können als getrennt voneinander erlebt werden, Lähmungen oder Empfindungslosigkeit in bestimmten traumaassoziierten Körperteilen sind Beispiele dafür. Oder eine Verlangsamung der Wahrnehmung. Aber auch Erinnerungslosigkeit, zum Beispiel bzgl. ganz entscheidender Kampf-, Flucht-, Täuschungs- oder Totstellreaktionen, oder bezüglich kompletter erlebter Szenen oder Jahre. Es kann sich aber auch als ein permanenter leichter Trancezustand zeigen, in dem man sich dauerhaft »nicht wirklich wach, nicht wirklich anwesend« fühlt. Und vieles anderes mehr.

Dissoziation taucht sowohl in der traumatischen Erfahrung selbst als auch in späteren Trigger-Situationen auf. Je früher und häufiger die Gefahrerlebnisse, je unreifer das Gehirn, desto tiefer reichen die dissoziierenden Strukturen ins Gehirn und umso gravierender und umfangreicher in Zeit und Häufigkeit sind die dissoziativen Wechsel. Dann leidet das Kind unter einer dissoziativen Störung, die sich im Allgemeinen im Laufe der Kindheit verstärkt. Denn dissoziative Störungen werden bisher kaum je erkannt. Dies ist umso bedauerlicher, da wir inzwischen wissen, dass dissoziative Kinder verhältnismäßig gut behandelt werden können, wenn sie nach ihrer schlimmen frühen Kindheit in warmherzige und sichere Beziehungen wechseln konnten.
In seltenen Fällen können schwere dissoziative Erkrankungen auch erst im Jugend- oder Erwachsenenalter ihren Anfang finden. Dies ist bei schwersten und gezielt zugefügten, andauernden Gewalt-, Sexual- und Schocktraumatisierungen der Fall, wie sie bei Programmierungen in rituellen Missbrauchsorganisationen und systematischer Folter zum Einsatz kommen. Hier geht es darum, Persönlichkeiten zu brechen und sich ihrer grenzenlos bedienen zu können. Ein Beispiel dafür ist Renés Mutter (s. S. 122).
Andererseits hat fast jeder einzelne dissoziative Phänomene schon einmal bei sich selbst erlebt, weil sie auch für kurze Momente in einfachen Schock- oder Schreckmomenten auftreten können. Ich selbst habe als junge Frau bei einem Spaziergang einmal eine Katze am Wegesrand im Gras liegen sehen. Und weil ich eine große Katzenliebhaberin bin, habe ich mich freudig genähert. Da sie ganz entspannt liegenblieb, wollte ich sie streicheln und blickte plötzlich in ihre toten Augen. Hundert Meter weiter weg kam ich wieder zur Besinnung – und ich kann mich bis heute nicht erinnern, wie ich davongelaufen bin!
Wie gesagt: Dissoziative Phänomene umfassen eine riesige Spannweite, sowohl an Äußerungsformen als auch an Tragweite: Sie können auch ganz harmlos sein!

Die Bedeutung des Hippocampus umfasst noch mehr: Wenn er durch Hochstresserleben blockiert ist, kann man noch so viel an den Menschen hinreden oder Strafen androhen: Er wird nicht zur Vernunft kommen! Stattdessen heizt man den Konflikt nur noch mehr an. Nur wenn der Hippocampus wieder aktiv wird, kann man auf Vernunft und vor allem auf die »Rückkehr« der Persönlichkeit des Kindes hoffen! Und er wird nur aktiv, wenn die Amygdala sich wieder beruhigt – und die wird sich nur beruhigen, wenn sie die Situation nicht mehr als gefährlich bewertet! Was sie als gefährlich bewertet, ist übrigens individuell sehr unterschiedlich, weil es sowohl vom Entwicklungsstand des Individuums abhängt als auch von seinem Wesen, seiner Tagesform und vor allem seinen traumatischen Vorerfahrungen.

In den letzten Jahren ist – vor allem durch Jochen Peichl – ein Begriff wiederbelebt worden, der durch seine Anschaulichkeit das Verständnis und den Umgang mit diesen abrupten Persönlichkeitswechseln erleichtert: Ego-State.

»Ego-State« ist das Fachwort für »Ich-Zustand«. Jeder von uns durchläuft viele verschiedene Ichzustände im Laufe eines Tages: Zu Hause allein vorm Fernseher erlebt man sich selbst ganz anders als im öffentlichen Leben, und man macht so manche Dinge, die er / sie sich draußen auf einem öffentlichen Platz oder gegenüber dem Chef, gegenüber seinen Kindern oder auf offener Bühne tunlichst verkneifen würde. Insgesamt ist das persönliche Auftreten und Empfinden je nach dem sozialen Umfeld deutlich anders. Das ist normal so und macht uns sozial flexibel und funktionsfähig.

Die Ursprünge der Ego-States liegen in den sechs abgegrenzten Grundzuständen des Säuglings, die sich im Laufe der normalen Entwicklung vervielfältigen, sich ausdifferenzieren und miteinander vernetzen. So ensteht eine komplexe und flexibel anpassungsfähige Persönlichkeit, die auf unterschiedlich ausgestaltete und abgegrenzte Ich-Zustände intuitiv zugreift. Aufgrund unserer biologischen Ausstattung verfügen wir auch über

Vorformen von Ego-States, Triebe und biologische Handlungssysteme, die uns nicht so vertraut sind, weil sie nur in Extremsituationen die Regie übernehmen. Sie sind dann aber so machtvoll, dass sie uns ein Gefühl dafür vermitteln, wie sich dissoziierte Ego-States wohl anfühlen könnten. Ego-States können aber auch über Introjektion entstehen oder durch traumatische Erfahrung. Beispiele für durch Introjektion, also die unverdaute »Hereinnahme eines bedeutungsvollen anderen«, entstandene Ego-States sind die vernichtenden oder anbetungsvollen Äußerungen einer Bezugsperson, die zu einem Versager-State oder einem Star- oder gar gottähnlichen State führen. Auch diese States haben ein hohes Neurose-Potential und sind u. U. wenig in die Gesamtpersönlichkeit integriert. So kann zum Beispiel ein kluger, fleißiger und erfolgreicher Mensch plötzlich vor einer Prüfungssituation einknicken, weil innere Anteile ihn für den totalen Versager halten.

Wenn Sie die machtvolle, pure, aber gesunde Ego-States besser vorstellen wollen, machen Sie bitte folgende

Vorstellungsübung

Denken Sie sich in eine tagelange Hungersnot hinein, in der Sie auch von sauberem Wasser abgeschnitten sind. Endlich kommen Versorgungstransporter für die Dürstenden und Hungernden. Die Menge wird wild und aggressiv. Stellen Sie sich jetzt vor, wie Sie ganz allein für sich um Wasser kämpfen müssen. Achten Sie dabei auf Ihre Körperaktivierungen und auf Ihre Affekte und Gedanken ...

Danach stellen Sie sich vor, Sie haben ein Kind irgendwo in der Nähe, es wird von einem vertrauten Menschen beaufsichtigt, aber es verdurstet allmählich. Sie haben einen leeren Wasserkanister in der Hand und eine tobende Menge um sich herum, und die Versorgungstransporter halten in Ihrer Nähe! Achten Sie auf Ihre Körperaktivierungen, Ihre Affekte und Gedanken!

Es ist anzunehmen, dass unterschiedliche Teile Ihrer Persönlichkeit, die immer vorhanden sind, aber in unserer Gesellschaft nicht abgefragt werden, zum Vorschein kamen. Viele Leserinnen werden in der zweiten Vorstellung sogar ein extrem mächtiges biologisches Handlungssystem erlebt haben, das ihnen regelrecht fremd ist: Mit dieser Macht übernehmen dissoziierte Ego-States unser Verhalten!

Unter normal guten Entwicklungsvoraussetzungen sind Ego-States recht gut miteinander integriert, und Sie können flexibel zwischen ihnen hin- und hergleiten oder sie kombinieren. Es sind einfach verschiedene Seiten Ihrer Persönlichkeit, die sich gegenseitig ergänzen. Die Gefahr, dass dissoziierte Ego-States im Laufe des Lebens entstehen, ist um ein Vielfaches geringer, wenn das Kind während der Schwangerschaft und in den ersten vier bis sechs Lebensjahren eine sichere Bindung erleben durfte. Aber auch dann kann es zu bedrohlichen Umständen in einer frühen Kindheit kommen: Hunger, Tod der Mutter oder des Zwillings, Gewalt gegen Baby oder Mutter, extreme Schmerzen, überwältigende medizinische Behandlungen … – aber die dadurch entstehenden isolierten Ego-States werden alle viel unintegrierbarer und existentiell bedeutsamer, wenn sie mit früher emotionaler Bedeutungslosigkeit des Babys, Abgelehntheit, Verlassenwerden oder Verwahrlosung gepaart waren. Die dadurch entstehenden dissoziierten Ego-States treten körpersprachlich nach außen. Und das nicht nur in seiner frühesten Kindheit, sondern über das ganze Leben hinweg: Wenn der Mensch getriggert* wird, verdrängt ein dissoziierter Ego-State das Alltags-Ich, und dies geht üblicherweise mit deutlichen und abrupten mimischen, gestischen, stimmlichen und muskeltonusbezogenen Veränderungen einher und wird auch »Switch« genannt.

Beispiele für nicht gut vernetzte, aber noch nicht dissoziierte Ego-States finden sich im Alltag recht häufig. Zum Beispiel bei Eltern, die viel zu lange ihre Kinder gewähren lassen und dann plötzlich und unverständlicherweise wütend und regelrecht aggressiv werden.

---

* Erklärung zu »Trigger« siehe Kasten S. 43

Ein deutliches Stück mehr in Richtung Dissoziation geht das Beispiel des unterwürfigen Untergebenen oder freundlichen Nachbarn, der zum autokratischen Vater mutiert, kaum dass sich die Haustür hinter ihm schließt. Wer so etwas schon erlebt hat, weiß, wie Switches aussehen. Oder die fürsorglich-besorgte Mutter am Tag und die sadistische misshandelnde Mutter in der Nacht. Im letzten Fall haben sich die Ego-States vermutlich so voneinander gelöst und beinhalten so unvereinbare emotionale Zustände und Handlungsabläufe und haben so wenig Wissen voneinander, dass sie schon auf dem Weg zu einer dissoziativen Identitätsstörung (DIS) sind. Die DIS selbst aber entspricht einem Krankheitsbild, das früher Multiple Persönlichkeit genannt worden ist. Sie bezeichnet komplett getrennte Identitäten, mit jeweils anderem Namen, Lebenswelt, Alltag etc., die sich aber einen Körper teilen. Ich selbst habe so etwas nach immerhin 35 Jahren kinderpsychologischer Erfahrung noch nie erlebt. Aber Harald Requart und Gaby Breitenbach von der Stuttgarter Villa Lindenfels, die sich mit rituellen und organisierten Verbrechen befassen, sagen, dass DIS dort auch schon bei Kindern hergestellt wird, und zwar absichtlich und gezielt. Diese Kinder tauchen jedoch in einer kindertherapeutischen Praxis eher nicht auf, sondern, wenn überhaupt jemals, erst als Erwachsene in der Psychiatrie, wo sie dann fast immer eine unendliche Odyssee durchlaufen, weil natürlich kaum jemand verstehen kann, was mit ihnen los ist.

Kinder mit einer dissoziativen Störung fallen jedoch kaum einmal wegen ihrer verdeckten dissoziierten Ego-States auf, sondern wegen ihres Verhaltens, das hyperaktiv, impulsiv-aggressiv, oppositionell-trotzig, infantil, phobisch, vermeidend und fast immer massiv bindungsgestört ist. Die Problematik der dissoziierten Ego-States ist viel weniger offensichtlich, aber wenn man sie erst einmal für möglich hält, kann man viele dieser Kinder plötzlich in ihrem Verhalten verstehen und sogar vorhersehen.

Wenn Sie sich später in Kap. 5 den schon angesprochenen Erregungsverlauf mit aggressiver Dysregulation genauer anschauen, haben Sie es an mehreren Stellen mit Ego-State-Wechseln zu tun:

Der erste Wechsel erfolgt als Reaktion auf Ihren missbilligenden Blick und Ihre scharfe Stimme. Dies ist für ein früh bindungstraumatisiertes Kind ein Trigger und lässt es in den Ego-State des vereinsamten todesnahen Babys rutschen. Der gleichzeitig erfolgende biologische Kräftecheck entscheidet über den weiteren Verlauf der Gegenreaktion im vegetativen Nervensystem:

Der zweite Ego-State-Wechsel erfolgt also in Richtung Kampf oder in Richtung Unterwerfung / liebes Kind.

Der Kämpfer wiederum kann in einem dritten Wechsel durch den blindwütigen Krieger abgelöst werden, der schließlich nach einer Phase abflauender Übererregung abgelöst wird durch das Alltags-Ich, das von nichts mehr weiß, oder vom nähebedürftigen Kleinkind-Ich, das vielleicht ängstlich auf die aufgeladene Atmosphäre im Haus reagiert.

Aber auch der zweite Wechsel zum »lieben Kind« hin ist nur anscheinend eine gute Lösung, denn der »Liebe-Kind«-State ist ja isoliert von entscheidenden Aspekten einer Persönlichkeit: Streben nach Selbstwirksamkeit, Entdeckung des eigenen Willens und Fähigkeit zur Grenzsetzung, Mutwillen und Spaß … Hinter dem Rücken des »Lieben-Kind«-States ziehen sich in den anderen States wieder dicke schwarze Wolken zusammen, bis es dann wieder irgendwann donnert und blitzt. Das wiederum erschreckt das »liebe Kind« und das »ganz kleine Kind« wiederum zu Tode, und sie wollen diese »Bösewichte« im eigenen Körper loswerden. Das ist dann auch das, was Sie von Ihrem Kind am Ende der Erregungskurve oft hören werden: »Ich mach das niiiiie wieder!« Der »Liebe-Kind«-State oder der »Ganz-kleine-Kind«-State meinen das auch total ernst – bloß es kann natürlich nicht klappen.

Was immer Sie also auch tun und was immer in Ihrem Kind passiert: Sie stecken miteinander in der Zwickmühle der Täter-Opfer-Spaltung.

Obwohl dies nun ein Vorgriff auf Kapitel 5 war, lässt sich die traumapädagogische Vorgehensweise dieses Ratgebers vielleicht leichter verstehen, wenn man bereits etwas über dissoziative Ego-State-Wechsel gehört hat.

Werden alte Gefahrerlebnisse aktualisiert, kommt es zu Retraumatisierungen

Bisher haben wir die Probleme diskutiert, die sich aus Trauma-Ereignissen und -Erfahrungen ergeben, die in der Vergangenheit liegen. Je mehr die Trauma-Ursache in der Kernfamilie des Kindes liegt, umso größer ist das Risiko, dass es lange Zeit ungeschützt bleibt, und umso gravierender wird die Persönlichkeitsentwicklung des Kindes geschädigt. Und umso größer ist die Wahrscheinlichkeit, dass die Kinder auch noch lange, nachdem sie in Sicherheit sind, durch genau diese Personen getriggert werden. Das Beispiel »Matthias« aus dem ersten Kapitel steht dafür. Sorgen auch Sie für Ihr leibliches Kind, das von einem Täter außerhalb der Kernfamilie traumatisiert worden ist, was dann sehr oft auf einen sexuellen Missbrauch hinausläuft, so ist die Schutzfrage im Sinne des Kindes oft lösbar. Kinderschutzzentren, der Kinderschutzbund e.V. oder auf sexuellen Missbrauch spezialisierte Beratungsstellen bieten Ihnen kompetente Hilfe dabei an. Für ein Kind ist es beeindruckend, wenn ein Vater zum Opa oder Nachbarn geht und ihm klipp und klar sagt, was er von seinem Kind gehört hat, dass er ihm glaubt und dass der Mann nie wieder in seine Nähe kommen darf. Sonst kriege er es mit dem Vater zu tun! Natürlich hält das eine Großfamilie oder Nachbarschaft nicht ohne Weiteres aus, und nicht selten läuft es darauf hinaus, dass die Familie des Opfers aus dem Feld gehen wird, aber für die psychische Gesundheit des Kindes ist das prägnante Auftreten der Eltern gegen den Täter eine enorm hilfreiche Erfahrung!

Eine kritische Konstellation ist der **Umgang** mit einem früher misshandelnden, missbrauchenden, unterversorgenden oder verwahrlosenden Elternteil, womöglich über Nacht oder in den Ferien. In diesen Situationen ist es typischerweise so, dass das Bewusstsein des Kindes kaum Kenntnis von den zurückliegenden Ereignissen zulässt, aber der Seelenleib des Kindes durchläuft starke instinktive Stressreaktionen. Wegen des instinktiven Kräftechecks werden sie während des Umgangs wohl kaum jemals Kampf- und Fluchtreaktionen durchlaufen, sondern eher Täuschungs- und Erstarrungsreaktionen. Wobei auch die Erstarrungsreaktionen weniger als Totstellreflex stattfinden, sondern als unauffälligere Modus: Man wird ein stilles und braves Kind erleben. Mit der Täuschungsreaktion ist es ähnlich, bloß dass sie vielgestaltiger und bunter ist: Es sind z.B. die »glücklichen« Kinder, die strahlenden und charmanten. Nur manchmal kann man unter ihrer Heiterkeit eine Erregung und Anspannung spüren, die merkwürdig anmuten – aber auch diese Täuschungsreaktionen dienen der Befriedung der/des Täter/in und sind deswegen perfekt. Sie sind sogar so perfekt, dass ich von mir selbst nie erwarten würde, eine Täuschungsreaktion allein aufgrund der Umgangsbeobachtung identifizieren zu können! Ob das Kind glücklich oder verzweifelt ist, diesem Elternteil zu begegnen, ergibt sich allein daraus, wie es ihm vorher und vor allem nachher geht. Kinder, die in eine instinktive Täuschungs- oder Erstarrungsreaktion gerutscht sind, zeigen vor dem Umgang oft deutliche Stresssymptome und brechen nach dem Umgang, wenn sie sich wieder in Sicherheit fühlen, typischerweise zusammen. Schwere Albträume und Schlafstörungen, massive Aggressions- und Verzweiflungsstürme, schwere dissoziative Phasen, Rückzug und Apathie und sogar suizidale Äußerungen und Handlungen können über mehrere Tage und Nächte hinweg auftreten.

Kinder, die in diesem krank machenden Kreislauf gefangen sind, können sich üblicherweise nicht gut weiterentwickeln. Denn sie müssen alle ihre Lebenskraft darauf richten, mit den Erschütterungen durch Begegnungen, Telefonate, E-Mails etc. irgendwie fertig zu werden. Erst wenn es gelingt, die Berührungspunkte auf ein Maß zu kappen, mit dem das Kind gut fertig wird – und manches Mal heißt das, sie total zu kappen –, erleben wir plötzlich ein sprunghaftes Entwicklungstempo, und Dinge werden möglich, die zuvor gänzlich unvorstellbar gewesen wären. Jeder, der öfter mit traumatisierten Kindern zu tun hat, kann aber auch das Gegenstück dieses Prozesses beobachten: Wenn sich TäterInnen, die sich lange aus dem Leben des Kindes herausgehalten hatten, plötzlich wieder auftauchen und in sein Leben eingreifen, z.B. am Schulhof stehen, Mittelsmänner einschalten, Botschaften senden etc. Solche – oft ja von den aktuellen Pflegepersonen unbemerkte – Kontaktaufnahmen provozieren üblicherweise massive Rückfälle in Symptomverhalten und Stressreaktionen. Wenn Sie Pflege- oder Adoptiveltern eines solchen Kindes sind, werden Sie merken, wie schnell mühsam und jahrelang aufgebautes Vertrauen und Sicherheitsempfinden zerschellen. Andererseits erfährt man dabei auch manches Mal, wie unendlich tief und stark trotz allem die Sehnsucht des Kindes nach Liebe von und für die Menschen ist, die sein Lebensgrund sind. Die Maßgabe muss aber immer sein, dass die Begegnungen so gestaltet werden, dass sich das Kind subjektiv sicher fühlt und selbstverständlich objektiv sicher ist.

Noch komplizierter und unübersichtlicher wird die Situation allerdings, wenn Sie als leibliche Mutter oder Vater sich um ein Kind kümmern, das von seinem anderen Elternteil abgelehnt, verwahrlost, verlassen, misshandelt oder sexuell missbraucht wurde. Denn dann haben Sie mit diesem Mann oder dieser Frau eine ganz persönliche und meist schreckliche Geschichte. Sie sind also selbst extrem verwickelt, und Ihnen fehlt vielleicht auch ein/e neue/r Partner/in, die oder der Sie unterstützt. Und Sie haben meist Schuldgefühle, weil Sie Ihr Kind nicht geschützt haben. Diese Schuldgefühle werden Sie womöglich auch dann haben, wenn Sie objektiv nichts dafür konnten – zum Beispiel weil Sie stationär aufgenommen werden mussten, als das Schlimme passierte. Und auch wenn sie es subjektiv gar nicht erkennen konnten, werden Sie Schuldgefühle haben. Wenn Ihr Kind z.B. zu seinem Vater eine »fantastische Beziehung« gehabt hat, zu Ihnen aber eine oppositionelle, wenn nicht gar ablehnende – dann ist es für die Mutter kaum möglich zu erkennen, was los ist. Denn erstens weiß kaum jemand über die Phänomene einer »traumatischen Bindung« und der instinktiven Stressreaktion der Täuschung Bescheid. Und zweitens neigen Frauen immer dazu, beim Scheitern von wichtigen Beziehungen – aber nicht nur dort – sich selbst die Schuld zu geben. Sie halten sich dann womöglich selbst für eine schlechte Mutter und Ihren Mann für einen fantastischen Vater ... Diese Konstellation ist nicht selten bei sexuellem Missbrauch in der Kernfamilie. Darüber hinaus sind MissbraucherInnen fast immer genial im Manipulieren ihrer Mitmenschen. Häufig liegen weitere Ursachen für die »Blindheit« auch in der eigenen Biografie, die man sich aber üblicherweise auch nicht ausgesucht hat, z. B. eigene Missbrauchserlebnisse als Kind, die seelisch abgespalten worden sind, oder eine herzzerreißende Sehnsucht nach einer heilen Familie mit gutem starkem Vater nach eigener katastrophaler Ursprungsfamilie. Die menschliche Wahrnehmung ist niemals objektiv und umfassend, sondern immer filternd, gestaltend und interpretierend. Und zwar immer an dem orientiert, was bisher funktionierte, prägte oder entscheidend für das körperliche und psychische Überleben des Einzelnen oder der Gruppe war.

Der Irrtum, das Aussortieren des Unverständlichen und Irritierenden und das Verdrängen des Tabuisierten, sind ein biologischer Bestandteil der menschlichen Wahrnehmung.

Umso bemerkenswerter ist es, dass wir jetzt in einer Gesellschaft leben, in der der Schutz des schwachen Einzelnen allmählich immer mehr Aufmerksamkeit erfährt, sodass, wenn die Kindeswohlgefährdung erst einmal erkannt worden ist, auch Maßnahmen zum Schutz des Kindes ergriffen werden können. Das war wahrhaftig nicht immer so!

Wenn nicht – ja, wenn nicht das Kind selbst dagegen ist! Denn dann haben Sie kaum noch eine Chance, die geeigneten Maßnahmen zum Schutz des Kindes in die Gänge zu bringen. Wenn Ihr Kind zum Beispiel dem Familienrichter in einem Gespräch ganz ohne Eltern versichert, dass es unbedingt Mama oder Papa besuchen will, womöglich über Nacht, weil es sie oder ihn so lieb hat ... Dann ist klar, dass der Familienrichter Sie für eine hysterische Mutter oder Pflegemutter beziehungsweise für einen feindseligen Vater oder Pflegevater hält, die das Kind manipulieren und die wichtige Bindung an seinen zweiten Elternteil oder an seine leiblichen Eltern zerstören will.

Exkurs: Die Rolle von Familiengerichten und gerichtlichen Gutachtern für das Kindeswohl

Mir ist wichtig, keine Frontlinie gegen diese Institutionen aufzumachen. Ich glaube, dass man unbedingt unseren geschichtlichen Hintergrund in Deutschland verstehen muss, um bestimmte Grundhaltungen richtig zuordnen zu können.

Deutschland hat eigentlich erst nach dem Zweiten Weltkrieg die Chance erhalten, einen demokratischen Rechtsstaat aufzubauen, und das nur im westlichen Teil. In der Weimarer Republik hatte sich ein demokratisch-rechtsstaatliches Bewusstsein und Handeln in der Bevölkerung nicht ausgebildet: Es herrschten massenhaft Armut und Not, es gab kaum die Befähigung zum politischen Diskurs und erst recht nicht zum Kompromiss, stattdessen ein Aufeinanderprallen von extremistischen Haltungen: Glorifizierung des Militarismus und des Kaisertums, revanchistische Putsche, Verachtung der hart arbeitenden und bitterarmen Massen und absolute Verantwortungslosigkeit der wirtschaftlich und politisch Mächtigen auf der einen Seite und revolutionäre kommunistische Massenbewegungen auf der anderen Seite, die von parlamentarischer Demokratie sowieso nichts wissen wollten. Nach der Machtübertragung auf die NSDAP begann sofort eine gezielte und perfekte Neumodellierung des Deutschtums, des Staates und der Gesellschaft. Alle drei Ebenen griffen massiv in die Familien ein, modellierten das Denken, die Gefühle, die Rituale, die Handlungsmöglichkeiten komplett um. Die einen wurden als arische Herrenmenschen neu erfunden und strahlten Siegermentalität aus allen Poren aus, die anderen als Juden, Slawen, Zigeuner, Behinderte, Homosexuelle wurden als Untermenschen definiert, die später dann auch getötet werden konnten. Anti- oder einfach nur nicht faschistisches Reden und Handeln wurde physisch ausgelöscht, so wurden gleich zu Beginn des Hitlerfaschismus Tausende von Kommunisten liquidiert, Hunderte von Sozialdemokraten und Gewerkschafter und später dann auch einige

Mitglieder der »Bekennenden Kirche«, die einfach nur ohne NSDAP-Einfluss an Gott glauben wollten. Dass auch das Denken dieser gründlichen Neugestaltung folgte, wurde unter anderem durch die Kinder sichergestellt, sowohl durch ihre schulische und außerschulische faschistische Erziehung als auch über ihre Lauscher- und Beobachterfunktion in ihren Familien. Kinder konnten ohne Weiteres ihre Familie in große Gefahr bringen. Eltern mussten zulassen, dass ihre Kinder Adolf Hitler heiß und innig in ihr Herz schlossen und ihre erste Loyalität bei ihrem Führer lag. Familien wurden skrupellos zerrissen, wenn dem faschistischen Staat das Denken und Reden der Eltern nicht passte. Kinder wurden gezüchtet, arisch gezeugt, ohne Vater und oft genug auch ohne Mutter aufgezogen mit dem Ziel, eine arische Elite zu kreieren. Der deutsche Staat griff skrupellos ganz tief in die Kernfamilie ein, schuf sie neu oder zersetzte oder zerstörte sie, ganz nach seinem weltanschaulichen Gutdünken oder nach privaten Interessen wie Kinderwunsch von hohen NSDAP-Funktionären. Diese Monstrosität des Eingreifens wiederholte sich zwar nicht in der späteren DDR, aber dennoch gab es Parallelen im Umgang mit »republikflüchtigen« Familien oder in der Lauscher- und Beobachterfunktion der Kinder oder auch bezüglich des extremen Machtgefälles zwischen Staat und allem Privaten.

Diese staatliche Willkür den biologischen Familien gegenüber liegt noch nicht so lange zurück. Diese Vorgeschichte unterscheidet uns von allen anderen europäischen Rechtsstaaten, und ich bin überzeugt, dass vor diesem Hintergrund der starke – ja regelrecht rigide – Schutz der biologischen Eltern-Kind-Bande in Deutschland zu verstehen ist.

Genau in diesem Zusammenhang steht auch die Notwendigkeit des Beweises, um jemanden verurteilen zu können. Dadurch kommen zwar viel weniger Verbrecher vor Gericht, als es der Gerechtigkeit entspräche, und noch weniger werden dann wirklich verurteilt. Aber der deutsche Staat schließt damit nach Möglichkeit ein extremes anderes Unrecht aus: nämlich dass der Staat selbst einem Unschuldigen die Freiheit nimmt. Wo die subjektive Überzeugung von Richter oder

Jury einen Angeklagten ins Gefängnis bringen kann, steigt die Quote der Fehlurteile erheblich. Der Staat macht sich dadurch immer wieder selbst zum Verbrecher, und das Gerechtigkeitsempfinden in der Bevölkerung nimmt natürlich dramatisch ab. Das sieht man zum Beispiel in den USA, wo ein überdurchschnittlich großer Anteil der Gefängnisinsassen junge schwarze Männer sind und deswegen die jungen schwarzen Männer in Freiheit und ihre Angehörigen sehr wohl wissen, dass ihnen auf hoher See und vor Gericht nur noch Gott beistehen kann.

Ich selbst stehe deswegen ganz und gar hinter dem Prinzip der Beweislast im Strafgericht. Was ganz anderes ist es aber, dass dieses Prinzip sehr gerne von Familiengerichten übernommen wird, wo es gar nichts zu suchen hat. Und dass die gerichtlich bestellten Gutachter keine Ausbildung und Erfahrung in Entwicklungspsychologie, Kinderpsychopathologie und Traumapsychologie nachweisen müssen. Deswegen werden Auffälligkeiten in Aussagen, Erinnerungsabläufen und Verhaltensweisen, die Ausdruck einer Traumafolgeerkrankung sind, als Beleg für die mangelnde Glaubwürdigkeit einer Aussage herangezogen, was an sich natürlich ein völlig abstruser Zirkelschluss ist. Und warum steht in Einstellungsbeschlüssen nicht die Begründung, dass aus Mangel an Beweisen eingestellt wurde, was ja etwas ganz anderes ist, als aus mangelnder Glaubwürdigkeit des Zeugen, der ja in Wirklichkeit das mutmaßliche Opfer und deswegen emotional hoch verletzbar ist. Aber noch einmal: Vor dem Familiengericht hat die Beweislast nichts zu suchen, sondern es muss darum gehen, wie dem Kind in seiner Entwicklung und seelischen Gesundung am besten geholfen werden kann. Ihr Kind leidet unter einem schweren psychovegetativen Stress-Syndrom. Sie brauchen also eine/n Rechtsanwält/in, der oder die einen Freiraum für seelische Gesundung beherzt einfordert. Lassen Sie sich also bitte vom Kinderschutzbund, »Wildwasser« und ähnlichen Beratungsstellen für sexuellen Missbrauch, Pfad für Kinder (für Pflegeeltern), »Weißer Ring« o.ä. Verbänden erfahrene und engagierte Rechtsanwälte empfehlen!

Natürlich sollte man auch nach außergerichtlichen Wegen zur Herstellung des Kindesschutzes suchen. Ich selbst mache zum Beispiel gute Erfahrungen damit, dass ich als Therapeutin des Kindes oder Jugendlichen, wenn diese das wollen, an belastende oder gefährdende Elternteile schreibe oder sie auch zu einem Gespräch einlade, um ihnen das Schutzbedürfnis ihres Kindes zu erläutern und sie um Zugeständnisse zu bitten, die sie ja oft als schmerzhaft empfinden. Natürlich können diese Bemühungen scheitern, aber öfter haben sie Erfolg.

2 Wie Trigger den Alltag beherrschen

Wurde Ihr Kind auf die eine oder andere Art traumatisiert, wie es im ersten Kapitel beschrieben ist, müssen Sie damit rechnen, dass die schlimme Erfahrung immer wieder durch Triggersituationen aus heiterem Himmel in den Alltag hereinbricht. Das gilt auch für das sogenannte Monotrauma, also etwa einen Unfall o.ä. Seien Sie aufmerksam und beobachten Sie Situationen, in denen sich Ihr Kind seltsam verhält. Dann haben Sie die Chance herauszufinden, durch welche konkreten Situationen Ihr Kind getriggert wird.

> **»Trigger«** ist das englische Wort für Schalter. Im traumapsychologischen Sprachgebrauch bezeichnet es äußere Ereignisse (z. B. Zahnarztbesuch, oder ein Hund, oder ein verärgerter Blick der Mutter, oder eine Zurückweisung durch einen Klassenkameraden etc.) oder innere Vorkommnisse (z. B. ein unerklärlicher Schmerz, oder Herzklopfen, oder Einsetzen der Menstruation, Erektion etc.), die einen Schreck auslösen, der in keiner Weise angemessen ist. Diese Schreckreaktion wurde durch eine frühere Trauma-Erfahrung in den Menschen eingepflanzt und setzt in der Gegenwart unsinnig erscheinende biologische Stressreaktionen in Gang.

Wie Trigger das Leben beherrschen können, berichten die folgenden Beispiele:

»Beispiel Cordula (5 Jahre): *Cordula wurde beim Fangenspiel auf dem freien Feld von zwei heranrasenden Doggen gebissen. Die Eltern und der Hundebesitzer konnten nicht rechtzeitig eingreifen, um den Angriff zu verhindern, aber es gelang ihnen zumindest, Cordula schnell von den Hunden zu trennen. Das Mädchen war nicht lebensgefährlich verletzt,* *wurde von ihren Eltern notfallmäßig versorgt und sofort in die Notaufnahme gebracht. In der Folge reagierte sie auf den Anblick von Hunden mit Panik, hatte es mit Albträumen, Einschlafängsten, Trennungsangst, Arztangst, Hundephobie, Wutattacken, motorischer Unruhe und ständiger nervlicher und muskulärer Anspannung zu kämpfen. Cordula weigerte sich von Woche zu Woche mehr, das Haus zu verlassen, weil sie ja dort draußen Hunden begegnen würde.*

»Beispiel Matthias (14 Jahre): *Matthias kommt morgens seit Wochen nicht mehr zuverlässig aus dem Bett. Nicht dass er sich vor der Schule drücken wollte, aber sowohl in der Nacht als auch während des Wachwerdens jagt ein Panikzustand den nächsten. Abends kann er schon seit Monaten nicht mehr einschlafen, die Nacht beginnt für ihn erst nach ein Uhr morgens. Im Schlaf schlägt er dann oft wie wild um sich und spricht etwas, wobei seine Eltern nur ein verzweifeltes »Nein! Nein!!!« verstehen. Beim Aufwachen schließlich befindet er sich in einem ganz merkwürdigen Bewusstseinszustand, aber das finden wir erst später im therapeutischen Gespräch heraus: Er weiß nicht wirklich, wo er ist und wer er ist. Er spürt Starre und Panik in sich und kann sich nicht bewegen. Dass er sich in einem dissoziativen Zustand befindet, erkennt keiner. So wird aus der anfangs sporadischen »Verweigerung« des Schulbesuchs im Laufe von wenigen Wochen eine komplette Verweigerung. Die Eltern berichten, dass Matthias ihnen vor neun Jahren anvertraute, »der Opi lutscht mir immer so am Pipi!« Ihnen war damals schon seit Monaten aufgefallen, wie aggressiv, verängstigt und verunsichert der Fünfjährige geworden war, worauf sie sich aber keinen Reim hatten machen können. Auch dass er die Besuche des Großvaters väterlicherseits nicht mehr mochte, aber kaum dass dieser in der Tür stand, doch ganz begeistert auf ihn zulief und mit ihm in sein Kinderzimmer zum Spielen ging. Nachdem der Bub aber nun diese Äußerung getan hatte, passierte zweierlei: Die Eltern brachen kategorisch den Kontakt der Kinder zu diesem Opa ab, und der Vater von Matthias erlebte sturzflutartig heftigste Gefühle von Ekel, Hass, Panik und Verzweiflung, von denen er eindeutig spürte,* *dass sie mit seinem eigenen Vater verbunden waren, für die er aber keine konkreten Erinnerungen oder Erklärungen hatte. Es war schlagartig das extrem bedrängende Gefühl da, dass er selbst als kleiner Junge seinem Vater sexuell ausgeliefert gewesen war. Der kleine Matthias hingegen beruhigte sich durch den Kontaktabbruch und konnte sich wieder weiterentwickeln, kehrte aber nie wieder zu seinem ursprünglich fröhlichen und kecken Wesen zurück. Der Zusammenbruch kam erst Jahre später, und zwar bald nachdem er dem Großvater ganz unvermutet in einem Elektronikladen begegnet war: Er hörte sich mit Kopfhörern eine CD an, als ihm jemand die Hand auf die Schulter legte. Zwar erwehrte er sich dieser Berührung mit einem impulsiven Wegstoßen, einem »Lass mich bloß in Ruhe!!« und einem fluchtartigen Verlassen des Geschäftes, einer kopflosen Flucht, bei der er irgendwann zum Stehen kam. Aber er erzählte dies alles nicht zu Hause, versuchte allein damit klarzukommen und musste erleben, dass zuerst Albträume seine Nachtruhe störten und allmählich zu massiven Schlafstörungen führten, dann die beschriebenen dissoziativen Zustände sein Aufwachen begleiteten und er schließlich einen Wutanfall nach dem anderen produzierte. Er hatte ganz die Kontrolle sowohl über sein Schlafen wie Wachen verloren.*

Matthias fand sehr schnelle Hilfe, indem ich ihm und seinen Eltern die Symptome des posttraumatischen Belastungssyndroms erklärte und sich die Aufwachsituation als in diesem Zusammenhang »normales« dissoziatives Wiederholen der durch den Großvater ausgelösten Stressreaktionen, die durch die erneute Begegnung getriggert worden waren, darstellte: Körperliche Erstarrung, Blockierung der Kampf- und Fluchtaktivierung und dissoziativer Trancezustand als Schutzreaktion des peripheren und zentralen Nervensystems angesichts eines unvermeidlichen Horrors.

Das erste Ziel musste sein, ihm zu erholsamem Nachtschlaf zu verhelfen. Dies funktionierte verblüffend leicht, indem er sein Kinderzimmer, das der Ort der sexuellen Übergriffe gewesen war und nun nach der Wiederbegegnung als Trigger wirkte, verließ. Er zog zu einer Tante in der Nachbarschaft und konnte dort sofort einschlafen. Nach wenigen Tagen war er so erholt, dass er bei einem Freund übernachtete, um mit diesem ge-

meinsam in die neue Schule zu gehen und dies auch schaffte. Daraufhin zog er innerhalb seines Elternhauses um und konnte nun auch dort gut schlafen. Es tauchten keine dissoziativen Zustände und keine aggressiven Dysregulationen mehr auf. Nachdem er von einem Kinderpsychiater wenige Wochen zuvor noch eine schreckliche Prognose gestellt bekommen hatte, war er nun begeistert und voller Selbstbewusstsein: Therapie wollte er nun nicht mehr, weil er alles allein geschafft hatte. Dies war zwar eine schlechte Entscheidung, passt aber zu der Entwicklungsphase eines pubertierenden Jungen.

»Beispiel Manuela (12 Jahre): *Manuela lebt in einer liebevollen Familie, die die Veränderung ihrer Persönlichkeit zwar bemerkte, aber nichts damit anzufangen wusste. Das Kind wurde seit ihrem fünften Lebensjahr von einem nahen Verwandten sexuell missbraucht, zuerst in Form von Kitzelspielen, später »erhob« er das Mädchen in den Stand seiner »kleinen Frau« und steigerte die Übergriffe bis zur Vergewaltigung. Für seine Taten gab es Beweise, sodass er zu einer langen Haftstrafe verurteilt worden ist. Die seelischen Schäden des Kindes waren natürlich verheerend, aber ich will hier nur den Aspekt des Triggers herausgreifen: Manuelas Mutter war schwerhörig und darauf angewiesen, beim Zuhören Gesicht und Lippen des Sprechenden beobachten zu können. Eines Tages, als Manuela ihr etwas sagte, aber abgewandt zu ihr stand, forderte die Mutter: »Dreh dich um!« und fing sich unmittelbar darauf eine Ohrfeige der Tochter ein. Sowohl Tochter als auch Mutter waren fassungslos. Im Therapiegespräch mit den beiden fragte ich nach der Szene kurz vor der Ohrfeige, weil die ganze Schilderung regelrecht nach einer Triggersituation »roch«. Die Mutter äußerte ihren Ärger, dass die Tochter immer so rücksichtslos sei und überall hingucke, aber nicht zu ihr, wenn sie ihr etwas sage. Erst als die Mutter erwähnt, dass sie ihr gesagt habe, sie solle sich umdrehen, geht ein Ruck durch Manuela, die bis dahin still und ratlos dabeigesessen hatte. Wütend zischt sie: »Das sollst du nicht sagen!« Ich frage sie: »Hat dich dieser Satz an etwas erinnert?« Beschämt zieht sie sich in sich selbst zurück und murmelt: »Na, du weißt doch – das*

Arschgesicht«. Es stellt sich heraus, dass das eine typische Aufforderung während der Vergewaltigungen gewesen ist, die jetzt in einer völlig anderen Situation als Trigger wirkte, der eine instinktive Attacke auslöste, die eigentlich nicht der Mutter gegolten hat – aber dem Täter gegenüber niemals gezeigt worden wäre.
Manuela konnte so lange missbraucht werden, weil sie ein starkes Bedürfnis hatte, die Familie zu schützen: Ihre Oma war schwer krank und starb auch schließlich, ihre Mutter war jahrelang in ihrer Pflege gebunden, und der Täter tat sich leicht, dies alles für seine Zwecke zu nutzen. Direkt hinter dem Rücken von Manuelas Mutter! Manuela hatte also während der meisten Zeit ihrer Kindheit keine sichere Familie gehabt, obwohl beide Eltern sie sehr liebten und sich mit ihr sehr viel Mühe gegeben hatten.

»Beispiel Pedro (8 Jahre): *Pedro lebt seit seinem vierten Lebensjahr bei seiner Pflegefamilie. Er hatte eineinhalb Jahre bei seiner leiblichen Mutter zugebracht. Von dieser Zeit weiß die Pflegefamilie nur, dass das Baby viel allein gelassen worden war, auch über längere Zeiträume. Mit eineinhalb habe die Mutter das Kind bei ihrer eigenen Mutter gelassen, als diese dahinterkam, dass der Kleine unversorgt in der Wohnung eingesperrt wurde. Pedros Mutter verschwand von der Bildfläche. Nach einem Jahr wiederum bat die Oma das Jugendamt, für den kleinen Jungen eine Pflegefamilie zu suchen. Dort fiel das Kind als extrem apathisch und in sich gekehrt auf, zuweilen aber mit unverständlichen und lang anhaltenden Wutanfällen, bei denen man es nicht beruhigen konnte, bis der Junge vor Erschöpfung einschlief. Später konnte er sich an nichts mehr erinnern und war wieder brav und lieb. Noch im Vorschulalter entwickelte er allmählich eine große Bewegungsfreude und wurde ausgesprochen sportlich. Gleichzeitig wurde er geistig wach, und allmählich stellte sich heraus, dass er ein kluger Kerl war. Aber immer, wenn ihm etwas mühsam war, fiel er in die Apathie zurück. In der Schule wurde das nun zu einem großen Problem: Nicht die Rechtschreibung fiel ihm schwer, sondern die feinmotorische Koordination des Schreibvorganges. Wenn die Aufgabe*

also mit Schreiben verbunden war, verfiel er in Apathie, war unter Umständen wie abgeschaltet und reagierte nicht mehr auf Ansprache oder Ermahnungen. Daraus ergab sich ein tägliches Martyrium am Nachmittag für Pflegemutter und Kind, weil nicht nur die Hausaufgaben, sondern auch ein großes Pensum, das nachzuholen war, geschrieben werden musste. »Er zehrt ausschließlich von meiner Lebenskraft, ohne meine ununterbrochene Ermunterung und Hilfe würde da kein Wort am Abend stehen. Aber ich bin völlig ausgepumpt.«
In der Therapiestunde berichtete Pedro einmal davon, dass seine Mama ihn schlage – nur manchmal, aber er wolle doch, dass ich mit ihr einmal darüber spreche. Er selbst konnte mir nicht erzählen, was den Schlägen vorausgegangen sei. Im Gespräch mit den Pflegeeltern wurde klar, dass das die ultima ratio war, wenn Pedro seinen völlig verdrehten Tag hatte: Er sei dann nicht bereit, morgens aufzustehen, sich anzuziehen oder gar in die Schule zu gehen, berichten mir beschämt und ratlos die Eltern. Er liege irgendwo auf dem Boden und sei nicht ansprechbar. »Oft kann ich ihn ja noch irgendwie abfangen, bevor es so schlimm wird. Aber wenn er erst einmal liegt, dann ist er einfach nicht mehr da. Er reagiert dann auf gar nichts mehr. Wenn ich ihm dann eine auf den Po haue, fängt er zumindest wieder an zu weinen, ist wieder da und ansprechbar. Er geht dann zwar voller Wut auf mich, aber immerhin geht er dann in die Schule!«
Wir suchen gemeinsam nach alternativen sensorischen Reizen, die so intensiv ausfallen, dass sie Pedro aus seinem dissoziativen Trancezustand herausholen können: Geruchssinn (z. B. ätherische Öle), Geschmackssinn (z. B. Fishermen friends oder Traubenzucker), Temperaturwahrnehmung (z. B. kalten Waschlappen oder Eis in Gesicht oder Nacken), Berührungssinn (z. B. kräftige Massage, in eine Decke einrollen) …
Im Therapiegespräch mit Pedro reagiert das Kind zunächst ganz überrascht auf meine Darstellung der auslösenden Szenen für die Schläge und bestätigt dies dann nach einigem Nachdenken. Als wir den morgendlichen Ärger aufdröseln, erfahre ich, dass er manchmal wirklich »gar keine Lust auf Schule« hat, auf das schrecklich viele Schreiben. Dann denke er, dass die Mama ihm sowieso gar nichts zu sagen habe, weil sie

nicht seine richtige Mama sei. Irgendwann werde die Mama dann richtig wütend, weil er immer noch im Bett liege und bocke. Daraufhin frage ich ihn, was das für ein Gefühl in ihm auslöse, wenn er höre und sehe, wie wütend die Mama sei. Pedro stockt und sagt dann abwehrend: »Nein, das ist so schrecklich – darüber rede ich nicht!« und bricht unser Gespräch ab. Wochen später erfahre ich von ihm, dass er starr vor Schreck wird: Jetzt hat sie ihn nicht mehr lieb und wird weggehen. Jetzt ist alles verloren. Er ist verloren.

Biologische Stressreaktionen

Diese Beispiele zeigen, wie sehr das Leben durch Trigger beherrscht werden kann, wenn es nicht gelungen ist, eine traumatische Erfahrung zu integrieren. Und auch, wie unterschiedlich die Reaktionen auf Trigger ausfallen können, denn die ursprüngliche traumabedingte Schreckreaktion kann vier verschiedene biologische Stressreaktionen in Gang setzen:

- **Kampf:** Diese motorische Stressreaktion setzt ein, wenn ein instinktiver Kräftecheck (Körpergröße, Schulterbreite, Körpertonus, Stimmklang …) die tätliche Aggressionsbereitschaft des Gegners abwägt und für weniger bedrohlich hält. Sie setzt aber fast nie in Konfrontation mit den ursprünglichen TäterInnen ein. Wenn doch, dann häufig im Kontext einer Beschützerreaktion: Das Kind will dann z.B. die Mama beschützen.
  Die Kampfreaktion kann durchaus auch mit Furcht gepaart sein, was dann üblicherweise instinktives Täuschen einschließt: Der Bedrohte »plustert sich auf« und zeigt alle Anzeichen der Aggressionsbereitschaft, so wie man das auch mannigfach aus dem Tierreich kennt, z.B. bei Katzen und vielen anderen Pelztieren.
- **Flucht,** so wie wir das bei Matthias im Elektronikladen gesehen hatten: Kopflos stürzte er hinaus und rannte und rannte, ohne es selbst zu spüren. Als er schließlich zum Stehen kam, war er verwirrt und

ratlos: War er wirklich diese ganze Strecke gerannt? War das wirklich der Großvater gewesen? Das ganze Erlebnis kam ihm so fremd und fern vor, abgespalten von seiner Person, dass er nicht darüber sprach.

- Auch Cordulas massives Vermeidungsverhalten ist eine Form der Fluchtreaktion.
- **Erstarren:** Damit sind zwei unterschiedliche Reaktionen gemeint, nämlich sowohl das Blockieren und Speichern von Bewegungsenergie als auch der Verlust von Energie (so wie bei Pedro), was eigentlich als Erschlaffen bezeichnet werden müsste. Oder:
- **Unterwerfung,** eingeschlossen die recht häufige Variante der instinktiven **Täuschung:** Unterwerfung ist eine biologische Reaktion, die aber beim Menschen häufig gar nicht als solche zu erkennen ist, weil sie durch eine instinktive Täuschung (Lachen, Charmeoffensive, sich emotional an den Angstgegner binden – oder auch hyperbrav sein) überformt ist, um die mächtige und gefährliche Person durch scheinbar freiwilliges oder gar fröhliches Mitmachen bei ihrem schlimmen Treiben zu befrieden und den totalen Kontrollverlust zu vermeiden.

  Unterwerfung und Täuschung sind meist schwer zu erkennen. Manuela zum Beispiel hat es niemand angesehen, wie schlecht es ihr mit diesem Verwandten ging. Sie verabredete sich sogar am Telefon mit ihrem Täter, wirkte heiter und strahlte mit der Sonne um die Wette, wenn sie ihn sah.

In Pedros Fall haben wir es zum Beispiel mit zwei Trigger-Situationen zu tun:

Einerseits die Last des Schreibens, die in ihm die Urerfahrung der Vergeblichkeit von Anstrengung triggert: Als Baby hatte er noch und noch nach seiner Mutter geschrien, bis er schließlich erschöpft aufgegeben hat. Das anhaltende Schreien ist extrem kräftezehrend und hatte immer wieder nichts gebracht, war ein einziger Misserfolg, also wechselte der Organismus in den kraftsparenden Modus der Resignation und des inneren Rückzugs von der Welt. Diese Stressreaktion gehört in den Bereich der Erstarrung, sie ist mit einem chronischen Kraft- und Energieverlust des Säuglings verbunden und wurde von René Spitz als »anaklitische Depression« beschrieben. Aufgrund der später bei der Oma und dann bei seinen Pflegeeltern einsetzenden guten und liebevollen Umsorgung und der langsam entstehenden Hoffnung in die Zuverlässigkeit einer neuen Bindung und dem einem Kind eigenen Entwicklungsdrang ist nachträglich aber wieder Kraft und Energie aufgebaut worden, sodass Pedro nun auf die Aussicht auf erneuten Misserfolg mit Widerstand (»Ich geh nicht zur Schule!«) und Kampf (»Die Mama hat mir gar nichts zu sagen! Die ist nicht meine richtige Mama!«) reagiert. Pedros unerbittlicher Widerstand löst einen massiven Zeit- und Erfolgsdruck (Schulpflicht und eigene Berufstätigkeit), Misserfolgs- und Hilflosigkeitsgefühle und schließlich Wut bei seiner Pflegemutter aus, die lange mit Engelszungen vergeblich versucht hat, ihren Pedro zu ermutigen und zu motivieren. Sie fühlt sich von ihm provoziert. Diese Wut in Körperhaltung, Mimik und Stimmklang der Pflegemutter, obwohl durchaus beherrscht, triggern nun seine zweite Urerfahrung mit seiner leiblichen Mutter: »Keiner liebt mich. Gleich bin ich allein.« Der Organismus zieht sich in diesem getriggerten Bedrohungserleben in sich selbst zurück. Damit verliert die Psyche den Kontakt zum Hier und Jetzt, verharrt stattdessen im Überlebensmuster seiner frühesten Zeit und eines anderen Ortes. Das Tragische an diesem Rückzug ist, dass er zwar dem Überleben eine Chance gibt, weil der Organismus seinen Energieverbrauch drastisch herunterfährt und so länger das Ausbleiben der Pflegeperson überleben kann. Gleichzeitig führt er aber im Kleinkindalter auch zu einer Nahtoderfahrung: »Allein überlebe ich nicht.« Die Absenkung von Puls, Blutdruck und Atmung, das Herunterfahren des Stoffwechsels im Körper und im Hirn kann auch trotz des damit einhergehenden beruhigenden Trancezustandes als Vorbereitung auf das Absterben erlebt werden. Wenn dieser Zustand also im späteren Leben getriggert wird, rutscht das Kind nicht nur in den Zustand von Erstarrung mit Erschlaffen, sondern womöglich auch in ein Empfinden von Absterben: »Das überlebe ich nicht!«

Projektion

Projektion bedeutet, dass der Mensch in einer Triggersituation sein Gegenüber oder seine dingliche Umwelt nicht mehr realistisch wahrnehmen kann. Stattdessen legt sich der innere traumaverursachte Film auf das Wahrgenommene, so wie eine leere Leinwand durch den Filmprojektor bebildert wird. Die dann einsetzende Verhaltensantwort ist also eine Reaktion auf die Projektion und nicht auf die gegenwärtige Realität.

»Fallbeispiel Merte (18 Jahre): *Merte hatte als Siebenjährige drei Situationen sexueller Zudringlichkeit und schließlich Missbrauchs durch einen alten Mann erlebt, aus denen sie sich aber mit Mut und Glück herausgewunden hatte. Niemand erfuhr von diesen Erlebnissen, und sie selbst hatte sie bald »vergessen«. In der Pubertät aber war für sie Sexualität in erster Linie eine Frage der Kontrolle über den anderen, und ihr war klar, dass sie genau die haben wollte. Mit 18 Jahren wurde sie ungewollt schwanger, und sie wollte einen Abbruch. Obwohl ihr Freund sie sehr einfühlsam unterstützte, sogar mit zum Frauenarzt ging und sich dessen Tirade anhörte und sich beide sehr lieb hatten, empfand sie ihn plötzlich als eklig und hässlich. Sie zog sich nach dem Abbruch komplett von ihm zurück, was ihn äußerst verstört zurückließ. Eines Tages sagte sie ihrer Freundin, wie eklig und hässlich der Junge sei. Da dieser nur fünf Meter entfernt saß, schaute die Freundin zu ihm herüber und sagte dann zu Merte: »Du, der Dani sieht genau so aus wie noch vor einem Monat, als du ihn noch geliebt hast. Gar nicht eklig und hässlich.«*

In der Therapie assoziierte Merte dann zu meinem Satzanfang: »Der Dani sieht so eklig und hässlich aus wie …?« »wie ein alter Mann.« Und auf meine Frage: »An wen denkst du, wenn du an einen ekligen, hässlichen alten Mann denkst?«, assoziierte Merte sofort den Missbraucher aus ihrer Kindheit. Erst dadurch konnte sie Dani wieder realistisch wahr-

nehmen. Zuvor war es so gewesen, als hätte sie ihn nur noch durch ein dunkles trübes Glas sehen können, durch die Brille der traumaverursachten Projektion.
Im weiteren Verlauf tauchten aber neue Projektionen auf: Wann immer sie eine hochschwangere Frau sah, ging in ihrem Inneren Beängstigendes vor: Sie spürte regelrecht körperlich, wie sie dieser Frau in den Babybauch trat, ihn wegtrat. Diese unkontrollierbar bedrängenden Fantasien entsetzten Merte sehr. Obwohl Merte den eigenen Schwangerschaftsabbruch nach wie vor richtig fand und körperlich gut überstanden hatte, hatte sie doch unbewusst tiefer darunter gelitten. Sie hatte sich damit selbst in der Tiefe ihres Seelenleibes etwas Zerstörerisches angetan, und das projizierte sich jetzt auf die fremden Frauen und ihre Babybäuche.

»Fallbeispiel Andros (2;6 Jahre), Andros habe ich in unserem Säuglingsheim Centar Duga in Bosnien kennengelernt: *Er biss wie ein wildwütiges Tier andere Kinder, vor allem schwächere Kinder. Auch sonst zeigte er seltsames Verhalten, indem er in alle möglichen Gefäße hineinspeichelte und jedes Kuscheltier, das er geschenkt bekam, innerhalb von zwei Tagen zerkaute und zerriss. Seine Beißattacken kamen aus dem Nichts heraus und verängstigten die anderen Kinder, sodass sie sich von ihm fernzuhalten suchten. Dabei war er ein hübscher und intelligenter kleiner Kerl, immer lachend und strahlend. Aber genau so ging er auch auf völlig Fremde zu. Dass er keine Bindung aufgenommen hatte, zeigte sich auch daran, dass er jedes Kuscheltier, das er geschenkt bekam, nach zwei Tagen zerkaut und zerrissen hatte. Er stellte unser gruppenpädagogisches Konzept nach Emmi Pickler auf den Kopf und ließ seine Pflegepersonen ratlos und völlig überfordert zurück: Keine einzige pädagogische Reaktion oder strukturierende Vorbeugung hatte Erfolg gezeigt. Und wenn man nun permanent auf ihn aufpassen muss – wo bleiben dann die anderen Kinder seiner Gruppe?*
Über seine Vorgeschichte war wenig bekannt: Mit zwei Jahren wurde er bei uns aufgenommen, weil seine Oma ihn nicht mehr betreuen wollte. Seitdem tauchte weder sie noch jemand anderes aus seiner Familie auf.

Die Oma hatte allerdings bei seiner Abgabe versichert, dass Andros ein problemloses Kind sei. Das Beißen fing schon nach wenigen Tagen an und wurde dann immer schlimmer.
Als ich mit ihm arbeitete, um seine Bindungsfähigkeit zu unterstützen, spielte ich ihm und seiner Bezugsperson ein kleines Theaterstück, das nach trauma- und bindungspsychologischen Gesichtspunkten aufgebaut war, vor. Er hatte mir nämlich am Tag zuvor eine Plastikfigur gebracht und diese als »böse alte Frau« (»Babaroga«) bezeichnet. Weiterhin erfuhr ich über die Babaroga, dass sie arme kleine Tiere ganz schlimm beiße. Andros war sich unsicher, ob sie so etwas tun dürfe oder nicht. Als ich mir die Tiere und ihre Verletzungen von ihm zeigen ließ, begann ich sie spielerisch zu verbinden und zu versorgen, wobei mir die anderen Kinder sofort halfen und auch Andros bald gerne mitmachte. Daraufhin formulierte ich den Wert, dass niemand Tiere quälen darf und erst recht nicht kleine hilflose Tiere.
Anschließend bat ich seine Bezugsperson Sandra, nach Bauchgefühl ein Kuscheltier auszusuchen, das zu Andros passen könnte, und sie wählte einen kleinen Hund.
Mit dieser Voraussetzung begann ich das Theaterstück: Der kleine Hund ist ganz allein. Die Babaroga entdeckt ihn und freut sich, dass sie ihn nun beißen kann. Sofort schreitet aber ein großer Bär ein, stellt sich zwischen Babaroga und Hundchen und beschimpft und bedroht sie. Da sie aber nicht aufgibt, sperrt der Bär die böse Frau in ein Gefängnis ein. (An dieser Stelle lacht Andros erfreut auf.) Der mutige Retter sucht nun für den kleinen Hund einen Platz, an dem man sich um ihn kümmert und ihn beschützt. »Ich kenne eine liebe Tante, und die kennt einen kleinen Jungen, die könnten vielleicht auf dich aufpassen«, sagt er dem Hund. Völlig untypisch für ein Kind, wich Andros in dieser Sekunde körperlich zurück und verspannte sich. In Reaktion auf seine körpersprachliche Furchtreaktion ließ ich den kleinen Hund sprechen: »Ich hab aber Angst, dass die mich auch beißen!«, woraufhin Andros sofort mit einem einfachen, klaren JA antwortete. Ich ließ also den Bären nachhaken: »Wird der kleine Junge den kleinen Hund beißen?«, fragt er Andros, und dieser antwortet

wieder mit »JA!« »Und wird Tante Sandra den kleinen Hund beißen?«, und wiederum hören wir von Andros ein klares JA!
Sandra verdreht natürlich entsetzt die Augen – und tatsächlich hat Andros niemals irgendeine körperliche Strafe in Centar Duga beobachtet oder selbst erlebt. Aber spannend ist doch seine tiefe Überzeugung, dass diese früher oder später erfolgen wird.

Eine schmerzhafte Sanktion, die man ständig wie ein Damoklesschwert über sich schweben sieht, die aber nie erfolgt, löst sehr leicht **Erwartungsangst und damit Stress** aus. Käme es also zu den Schlägen oder Bissen, würden sich kognitive Dissonanz und Erwartungsangst auflösen. Damit kann es leicht zu der paradoxen Reaktion kommen, die ich im Vorwort geschildert habe: Ich verpasste dem Achtjährigen eine Ohrfeige – und er entspannte sich, setzte sich brav hin und ließ sich zufrieden die Haare schneiden. »Na also, habe ich doch recht gehabt!« mag dann seine emotional und kognitiv erlösende Antwort auf meine unkontrollierte Sanktion gewesen sein. Hier geht es also nicht um das klassische Testen von Grenzen – wie weit kann ich bei Papa gehen, bis … –, sondern um einen ganz anderen seelischen Mechanismus, den der Projektion:

Das Kind ist durch gewalttätige Urerfahrung wie eine Münze im Prägestock geprägt: Es weiß nun, wie die Welt funktioniert, und erwartet das Unausweichliche. Dass es nicht passiert, ist verunsichernd, führt aber nicht zu einer Auflösung des Urwissens, sondern zur sogenannten self fullfilling prophecy: »Da die hier sowieso irgendwann beißen werden, sollen sie es machen, wenn ich dafür sorge.« Diesen komplizierten Gedankengang vollzieht ein so junges Kind sicher nicht bewusst, der Mechanismus wirkt offensichtlich völlig außerhalb des Bewusstseins.

Ein weiteres Beispiel für Projektion, die sehr leicht bei verstoßenen Kindern entstehen kann: »Da sie mich in meiner Pflegefamilie sowieso früher oder später rausschmeißen werden, sollen sie es halt machen, wenn ich dafür sorge!«

Es projiziert seine Urerfahrung mit den Menschen, die ihm nahe waren und von denen es abhängig war und die es verlassen haben, auf Sie! Das heißt, es kann, sowie es getriggert wurde, Sie nicht mehr als den Menschen wahrnehmen, der Sie sind. Die Projektion des alten Feindes legt sich auf Sie, und das Kind tut ab jetzt alles dafür, dass sich erstens seine Urerfahrung und Prägung bestätigen und zweitens das Kind diesmal auf der Täterseite steht, wenn der biologische Kräftecheck das Gegenüber als nicht aggressionsbereit oder -fähig einstuft.

»Fortsetzung Andros: *Angesichts dieses unerwarteten Verlaufes bat ich Sandra, Andros Folgendes nachdrücklich, aber sanft zu erklären:*
»Ich beiße keine kleinen Hunde und keine Kinder. Niemand von uns Erwachsenen im gelben Haus (Centar Duga) macht das!« Andros entspannte sich unmittelbar auf diese Zusage hin, sicherlich weil er jetzt erkennen konnte, dass das ja stimmte. Er öffnete sich körpersprachlich zum Hund hin, streckte seine Hand aus und rief: »Kleiner Hund, komm her!!« Ich aber ließ den kleinen Hund nur wenige Schrittchen in seine Richtung gehen, dann verharrte er und sagte ängstlich: »Aber ich hab doch Angst, dass ihr mich auch beißt!?«
»Nein!«, sagte Andros klar und ruhig, und auch Sandra stimmte zu: »Nein, wirklich nicht!«
Als Andros ihn schließlich aufhob, an sich drückte, ihn impulsiv wieder wegsetzte und dann doch wieder zu sich nahm und an sein Herz drückte, spürten wir alle den inneren Widerstreit und schließlich den Umbruch in ihm. Drei Tage und Nächte ließ er den kleinen Hund nicht mehr los und erzählte jeder und jedem, von diesem unglaublichen Erlebnis mit der bösen Babaroga, die …
Er hatte sich nicht nur in diesen Sekunden an den Kuschelhund gebunden, sondern auch an Sandra, der er die Wunden des kleinen Hundes zeigen konnte und die mit ihm überlegte, wie sie den kleinen Kerl heilen werden und was er alles braucht, um glücklich zu werden.
Andros hatte sich in diesen Minuten komplett und nachhaltig geändert: Er verlor seine Aggressivität und gewann Bindungsfähigkeit. Er gewann Freunde in seiner Gruppe und fühlte sich dort so wohl, dass er lieber noch

einige Monate bei seiner Sandra und den kleinen Kindern blieb, obwohl er in die nächste – und viel spannendere – Gruppe für Kindergartenkinder hätte wechseln dürfen.

Die traumatische Erfahrung selbst als auch das Unterworfensein unter die Trigger- und Projektionsdynamik beschädigen fortlaufend das zuvor aufgebaute Urvertrauen und die Fähigkeit, sich unter sicheren Bedingungen auch sicher zu fühlen.

Wenn Sie ein traumatisiertes Kind haben, das in Ausnahmezustände mit Unter- oder Übererregung fällt, an die es sich später auch nur noch vage – oder sogar gar nicht – erinnern kann, dann können Sie sich sicher sein, dass der Alltag dieses Kindes – und damit auch Ihr Alltag – von Triggern beherrscht wird. Wie Sie an den Fallbeispielen gesehen haben, sind Trigger ganz häufig selbstverständliche, harmlose, natürliche oder notwendige erzieherische Äußerungen und werden deshalb als solche auch gar nicht erkannt. Wie sollten denn Matthias' Eltern auf die Idee kommen, dass das Kinderzimmer Jahre später plötzlich zum Trigger geworden war? Ihr Junge hatte ihnen ja auch nichts über die Begegnung mit dem Opa gesagt.

Detektivisch tätig werden

Wenn Sie aber zusammen mit Ihrem Kind und seinen anderen Bezugspersonen detektivisch tätig werden, werden Sie wahrscheinlich einige Trigger identifizieren können und mit ihnen anders umgehen lernen.

Mit normalpädagogischen Empfehlungen, wie Sie sie üblicherweise in der Flut der Erziehungsratgeber finden, haben diese Empfehlungen nichts zu tun. Vermutlich haben Sie schon viele allgemeine Erziehungsratgeber gelesen und anzuwenden versucht – und dabei erfahren, dass »Konsequenz«, »time-out«, vermehrte Zuwendung, Belohnungen, Verstärkersysteme wie z.B. das Token-System, Erklären und vieles andere mehr nicht geholfen haben. Sonst würden Sie wohl auch nicht dieses

Büchlein in die Hand genommen haben. Es gibt zwar auch traumatisierte Kinder, die auf normale moderne Erziehungsmethoden positiv reagieren, aber es sind nicht viele.

Deswegen werden Sie weiter hinten in diesem Ratgeber einige sehr merkwürdige Ratschläge bekommen und zugleich angeleitet werden, sich selbst und Ihre eigenen Gefühle und Stresszustände besser wahrnehmen zu lernen. Denn was die getriggerten Zustände Ihres Kindes in Ihnen affektiv auslösen, hat ja gar nichts mit Ihren Alltagsempfindungen und kaum etwas mit Ihrer Persönlichkeit zu tun. Sie erleben Affekte, die in die Traumaerfahrungen Ihres Kindes hineingehören und die es ungewollt und unbewusst auf Sie überträgt. Deswegen brauchen Sie einen »unnormalen« Zugang zu den Affekten Ihres Kindes.

Zunächst aber werde ich in einem traumapsychologischen Überblick auf die Folgen mangelnder Integration traumatischer Erfahrungen eingehen sowie auf Integrationshilfen, die auch zu einem späten Zeitpunkt noch möglich sind.

3 Traumatische Erfahrungen integrieren

Je hilfloser der einzelne Mensch ist, je weniger Kontrolle er über seinen Zustand und seine Situation erlebt, desto mehr ist er auf eine Urkraft der menschlichen Art angewiesen: das soziale Miteinander, und damit an erster Stelle die körperliche Nähe Halt gebender und einfühlsamer Mitmenschen!

Vertraute Rituale helfen, sich zurechtzufinden! Vertraute Lieder, vertraute Kuscheltiere, vertraute Rhythmen im Tagesablauf! Alles Dinge, die für den hilflosen Mitmenschen gefunden und zelebriert werden müssen – aber niemals über seine Bedürfnisse hinaus oder gar gegen sie. So kann ein Kontroll- und Selbstwirksamkeitserleben wieder entstehen.

Dazu gehört auch, die spontanen Selbsthilfeaktivitäten der Kinder zuzulassen, das heißt:

- Bei Schockzuständen: David Bercelli empfiehlt dringend, das Zittern nicht durch Beruhigung wegmachen wollen; nehmen Sie Ihr Kind auf den Schoß und sagen Sie: »Ja, zittere nur den ganzen Schreck aus dir raus. Das tut gut!« Kinder, die darin bestätigt werden, verarbeiten Schocks viel besser!
- Wenn Ihr Kind immer wieder über das Erlebte redet, fürchten Sie das bitte nicht und empfinden Sie es bitte nicht als quälend, sondern nehmen Sie dies als spontanen und kindgerechten Selbsthilfemechanismus an, das Gefühl der Irrealität abzuschütteln und Erlebtes zu integrieren. Ermutigen Sie Ihr Kind und sich selbst, »zu beschreiben, was sie gesehen, gehört, gerochen, gedacht oder empfunden haben«, wie Alexander Korrittko empfiehlt. Das hilft dem Kind, allmählich zu verstehen, dass ihm etwas völlig Unnormales zugestoßen ist – und das akzeptieren zu können ist die Voraussetzung dafür, es auch verarbeiten zu können!

- Das wochenlange nächtliche Auftauchen am Bett der Eltern und die Angst vor dem allein Einschlafen trainieren Sie bitte nicht weg – nach dem Motto »Jedes Kind kann schlafen lernen« –, sondern akzeptieren Sie es einfach als notwendige Versicherung des Kindes, dass seine Eltern es nicht allein lassen. Vertrauen Sie auf Ihr elterliches Gespür für den Moment, wo das Kind wieder Vertrauen und innere Ruhe aufgebaut hat und jetzt vielleicht einfach eine nette Gewohnheit beibehalten will. Das ist dann der richtige Zeitpunkt, um es wieder aus Ihrem Bett herauszubekommen.
- Alexander Korrittko sagt: »Beruhigung und Heilung ist Angelegenheit der Familie, nicht eine Angelegenheit für einen allein. Bitten Sie bei Verwandten, Freunden und Bekannten um Hilfe.« Sie sind vielleicht selbst im Schock, sodass Sie und Ihr Kind unbedingt von außen Hilfe brauchen!
- Die spontanen Spiele des Kindes, in denen es symbolisch das Schockerlebnis darstellt, z.B. durch Autounfälle, Überfälle, Kriege oder Hexenwerk, sollten Sie nicht nur zulassen, sondern auch unterstützen. Es handelt sich dabei um sogenanntes »posttraumatisches Spiel«. Wenn Ihr Kind einverstanden ist, übernehmen Sie die Opferseite im Spielthema Ihres Kindes, zum Beispiel sich ständig wiederholende Autocrashs, und stellen Sie immer wieder die Frage: »Okay, jetzt wo das Auto den Unfall hatte, wo ist denn hier die Autowerkstatt, wo es untersucht und vielleicht repariert werden kann?« Oder: »Okay, jetzt wo das Häschen ganz allein / verletzt / in Schockstarre … ist, wer könnte es jetzt beruhigen / verbinden / heilen / beschützen …? Moralisieren Sie nicht, sondern führen Sie ganz pragmatisch die Geschichte den entscheidenden Schritt weiter, den Ihr Kind nicht mehr spontan selbst gehen kann, weil es durch die Trauma-Erfahrung geschädigt wurde und innerlich wie »eingefroren« ist im Moment des Unglücks. Deswegen dreht sich nämlich sein spontanes Spiel immer wieder um den Moment des Übergriffs, wenn auch in symbolischer Form und in der Täterrolle. Das sind kindgemäße unbewusste Verarbeitungsversuche, die manchmal tatsäch-

lich zu einer spontanen Selbstheilung führen – aber wenn das bei Ihrem Kind der Fall gewesen wäre, würden Sie dieses Buch jetzt vermutlich nicht lesen. Wenn Ihr Kind trotz Ihrer Unterstützung in diesem Spiel »hängen bleibt«, dann ist das posttraumatische Spiel ein Anzeichen für eine Traumafolgeerkrankung. Dieser Zustand erfordert eine spezielle Traumatherapie.
Lassen Sie sich aber nicht entmutigen, wenn Ihre Vorschläge nur kurz wirken und dann wieder der nächste Unfall passiert oder Ähnliches. Dies ist ein Zeichen dafür, dass der Vertrauensverlust nicht so schnell geheilt werden kann.

- Wenn Ihr Kind das Trauma-Ereignis selbst nachspielt, können Sie es eigentlich genauso angehen. Bestätigen Sie, dass Ihr Kind tatsächlich so etwas Schlimmes erlebt und überstanden hat, und führen Sie es im Spiel in die nächsten heilenden Schritte
- Sie können für beide Spielformen das »wunscherfüllende Spiel«, das im Anhang des Buches beschrieben ist, durchführen. Im Spiel darf man sich nämlich die größten Wünsche erfüllen – und das tut wahnsinnig gut!
  Beim wunscherfüllenden Spiel kann es in der Folge zu großem Kummer und vielen Tränen kommen. Bitte nicht erschrecken! Das ist ein Zeichen dafür, dass das Kind nun aus dem Schockzustand herauskommt, realisiert, wie schlimm es war, und jetzt Ihren Trost und Halt annehmen kann.
- Vermutlich wird Ihr Kind im Schlaf am Erlebten arbeiten, meist in Form von Albträumen. Wenn Ihr Kind Ihnen seine Albträume schildern kann, können Sie es bitten, Bilder darüber zu malen. Danach können Sie Ihr Kind fragen: »Und wenn du ganz allein entscheiden könntest, was in deinem Traum passieren soll, damit es ein guter Traum wird, was würdest du dann bestimmen?« Wenn Ihr Kind so stark »eingefroren« ist, dass es keine Ideen dafür hat, können Sie selbst einen Vorschlag machen. Malen Sie mit Ihrem Kind dann Bilder über die Traumwünsche, wie der Traum nämlich gut ausgehen soll. Erschrecken Sie nicht über gewalttätige Wünsche, sondern se-

hen Sie das Ganze wie eine Art »Märchentherapie« an, da kommen auch die bösen Hexen in den Ofen.

- Ganz wichtig: »Nehmen Sie sich Zeit für Dinge, die Spaß machen.« »Lachen Sie, finden Sie zu Ihrem Humor zurück. Bringen Sie wieder Leichtigkeit in Ihr Leben zurück – wenn Sie können.« (Alexander Korrittko)
- Erklären Sie Ihrem Kind auf verständliche Weise, warum es diese Probleme hat, dass diese nämlich mit dem Schock zusammenhängen, den es erlebt hat und den seine Seele nun versucht wieder loszuwerden. Während manche Selbstheilungsversuche wie das Zittern und der Wunsch nach Nähe und Geborgenheit gut funktionieren, ist es bei anderen nicht ausgemacht. Wenn Träume zum Beispiel über mehr als acht Wochen schlimm bleiben, ist die Verarbeitung über Träume hängen geblieben und kommt nicht vom Fleck. Bei wieder anderen Selbstheilungsversuchen, dem Vermeidungsverhalten, wissen wir, dass sie sogar negative Folgen haben: Vermeidungsverhalten dehnt sich nämlich von allein immer mehr aus, und die Seele lernt dadurch, dass Orte, Situationen, Tiere, Personen etc. für immer gefährlich bleiben, auch wenn sie es schon längst nicht mehr sind oder eine Wiederholung des schlimmen Erlebnisses höchst unwahrscheinlich ist. Das Leben schränkt sich so immer weiter ein, und die Lebensqualität leidet darunter, so wie wir es im ersten Fallbeispiel bei Cordula sehen konnten.
- Eine hervorragende Unterstützung für die Aufklärung von etwas älteren Kindern finden Sie im »Powerbook. Erste Hilfe für die Seele, Trauma-Selbsthilfe für junge Menschen« von Andreas Krüger.
- Wenn Ihr Kind noch ein Säugling oder Kleinstkind ist, sollten Sie sich angewöhnen, keine Pflegehandlung über seinen Kopf hinweg durchzuführen: Bevor Sie es aufnehmen, füttern, wickeln, baden etc., immer erst seine Aufmerksamkeit auf sich lenken, indem Sie seinen Namen rufen. Wenn es Sie dann anschaut, den bevorstehenden Akt benennen. Lächeln Sie, beziehen Sie es mimisch und gestisch ein, bevor Sie es nehmen und mit der Pflegehandlung begin-

nen. Jede Handlung wird dann benannt. Reagieren Sie bitte auch auf das spontane Verhalten des Kindes: Es will nämlich mitmachen und kooperieren! Wenn Sie das aufgreifen, bestärken Sie das Selbstwirksamkeitserleben Ihres Kindes. Dieses feinfühlige, dialogische und trotzdem eindeutige Vorgehen stammt von Emmi Pickler und ist für Säuglinge entwickelt worden, die nach der Geburt von ihren Eltern verlassen worden sind. Es ist von einmaliger Heilkraft, weil es bei dem hoch irritierbaren Menschlein Kontroll- und Selbstwirksamkeitserleben aufbaut und intensive Bindungsprozesse in Gang setzt, die bei traumatisierten Babys ja meist massiv beschädigt sind.

- Wenn Sie für die klassische Homöopathie offen sind, lassen Sie sich unbedingt eine passende Substanz für das Beschwerdebild Ihres Kindes verschreiben!

Wenn Ihr Kind infolge des Erlebten Ängste, Hemmungen, Aggressionen, unruhiges oder oppositionelles Verhalten, Vermeidungsverhalten und Ähnliches über acht Wochen hinaus beibehält, handelt es sich um ein Posttraumatisches Belastungssyndrom, für dessen Heilung Sie kindertraumapsychologische Beratung oder Therapie in Anspruch nehmen sollten. Da Ihr Kind nämlich seine körperlichen, nervlichen und seelischen Belastungen fühlen kann – anders als früh vernachlässigte, abgelehnte und gewalttraumatisierte Kinder, die die körperlichen, nervlichen und seelischen Stressoren aus ihrer Wahrnehmung abspalten mussten, um zu überleben –, leidet es vermutlich stark.

Es gibt auch schwere Trauma-Ereignisse, die wohl kein Kind seelisch unbeschadet überleben würde, und sei es noch so sicher gebunden und deutlich über sechs Jahre alt.

»Beispiel Janina (12 Jahre): *Janina fährt auf dem Beifahrersitz mit ihrer Mama und ihrem Bruder Verwandte besuchen. Auf der Autobahn geraten sie in einen Stau, und der nachfolgende Lkw rast in sie hinein. Dieser Kleinlaster hat Metallteile geladen, die sich bei dem Aufprall lö-*

sen und nach vorne schießen, sie dringen in Janinas Auto ein, töten den Bruder auf dem Rücksitz und schlitzen der Mutter die Kopfhaut auf. Alle drei sind im Auto eingequetscht und können nicht befreit werden, sodass Janina für lange Zeit die Todesschreie des kleinen Bruders und die blutüberströmte, röchelnde und schließlich bewusstlose Mutter erlebt. Sie merkt nicht, dass sie selbst schwer verletzt ist und ihre Beine gebrochen sind, denn der Schock hat ihr jede Schmerzwahrnehmung genommen. Obwohl Janina körperlich wieder gesund wurde, ihre Mutter gerettet werden konnte und ihr Papa sich großartig um die beiden gekümmert hatte und obwohl die Familie optimal von den Großeltern unterstützt wurde und keiner in der Familie irgendeine Schuld an dem Unfall und dem Tod des Bruders auf sich geladen hatte – das lässt sich nicht von allein verkraften!
Trotzdem hatte man Janina jahrelang nichts angemerkt, stattdessen fasste sie schulisch wieder Fuß, war eine wunderbare Tochter – bloß dass sie mit 17 Jahren schwer depressiv wurde, als der geliebte Familienkater aus Altersschwäche starb. Janina hatte fünf Jahre lang alles dafür getan, Mama und Papa nicht noch mehr zu belasten, ihnen gutzutun. Das Einzige, wogegen sie sich sperrte, war eine Psychotherapie. Bei der emotionalen Abspaltung des entsetzlichen Erlebnisses »half« ihr natürlich die biologische Schockreaktion im Gehirn: Dissoziation mit Derealisation und Depersonalisation. Im Unfallgeschehen hatte sich Janinas Wahrnehmung aufgespalten, und sie beobachtete und hörte von außen und schräg oben, was passierte. Sie ließ ihren Bruder innerlich nicht sterben, sie behielt ihn stattdessen als inneren unsichtbaren Begleiter permanent bei sich und konnte deswegen natürlich weder seinen Tod noch das traumatische Unfallereignis an sich verarbeiten.

An Janinas Beispiel sehen wir, dass Dissoziation (Abspaltung der traumabedingten Affekte und der Verlusterfahrung) und Ego-State-Problematik (die funktionierende Janina; die sorgende Janina; die Schwester des lebenden Bruders …) auch bei der posttraumatischen Belastungsreaktion auftreten. Sie sind aber eng umschrieben und leichter auf das

Trauma-Ereignis zurückzuführen, weil sie sich genau um diese traumatischen Erfahrungen herum bilden. Wenn man also um das Ereignis weiß und traumapsychologisch informiert ist, ist es heutzutage sehr gut möglich, den Betroffenen zu helfen. Allerdings ist das Ziel einer Traumatherapie nach Verlustschock nicht, dass der Patient mit dem Verlust keine Probleme mehr hat. Das Ziel ist vielmehr, die seelische »Vereisung« aufzutauen und den Prozess der Verlustschmerzen, der Trauer, des Loslassens und der Verarbeitung in Gang zu setzen.

Schwieriger wird es, wenn die Ereignisse im Tabubereich oder in der Verschwiegenheit und dort womöglich über eine lange Zeit stattgefunden haben, sodass Außenstehende oder sogar die nächsten Bezugspersonen die Belastung des Kindes nicht wahrgenommen oder womöglich keine Ahnung von den Ereignissen haben. Beispiele dafür sind:

- Tod eines Angehörigen: Dies führt sehr häufig zu einer sozialen Isolation der Hinterbliebenen, weil kaum einer weiß, wie man mit Trauernden umgehen kann und nur wenige außenstehende Menschen sich dafür entscheiden, mit diesen starken Affekten freiwillig in Berührung zu kommen. Das Ganze verstärkt sich, wenn es sich um Suizid und damit um ein Tabuthema handelt, denn dann stehen auch noch manchmal unausgesprochene Fragen oder gar ausgesprochene Vorwürfe im Raum.
- Ein starkes Tabu rankt sich auch um seelische und geistige Erkrankungen wie Suchterkrankung, Psychosen und (insbesondere postpartale) Depression. Wenn es in diesem Zusammenhang dann auch noch zu Vernachlässigung und Misshandlungen gekommen ist, wird eine Familie üblicherweise viel tun, um das nach außen zu verheimlichen. Tatsächlich ist die Angst vor sozialer Ächtung nicht unberechtigt, vor allem in ländlichen Gebieten.
- Sexuelle Übergriffe innerhalb der Familie stellen ein massives Tabu dar. Dabei muss man auch daran denken, dass sexueller Missbrauch auch von – meist pubertierenden – älteren Geschwistern an jüngeren ausgeübt werden kann. Auch dann kann es unter Umständen jahrelang so gehen, ohne dass Eltern dahin gucken, weil es absolut

außerhalb ihres Vorstellungsvermögens ist, dass ihr Kind so etwas machen könnte.

Alle traumatischen Erfahrungen, mit denen das Kind allein bleibt, werden nicht integriert und führen zu seelischen Störungen. Dann ist grundsätzlich eine traumapädagogische Beratung oder traumapsychologische Behandlung notwendig.

4 Die Gefühlssprache Ihres Kindes verstehen und beantworten lernen

Verbale Kommunikation wird blockiert

Grundsätzlich kann man sagen, dass die meisten Kinder, die schwere Trauma-Ereignisse durchleben mussten, nicht über ihre Gefühle reden – und zwar weil sie das nicht können. Denn die in der traumatischen Erfahrung eingetretene Blockade des Hippocampus (s. S. 27) klinkt sich in späteren Situationen subjektiver Gefahrwahrnehmung immer wieder ein. Egal ob die körperliche Reaktion dann ein Anspannungs- und Übererregungszustand ist oder in Richtung Erstarrung, Erschlaffung oder Trance geht: Das Kind kann diese dissoziative Erfahrung nicht versprachlichen, weil mit der Blockade des Hippocampus auch der Zugang zum Brocaschen Sprachzentrum im Gehirn blockiert worden ist. Dies wird auch rückwirkend, wenn es wieder in einen angenehmeren mittleren Erregungszustand zurückgekehrt ist, nicht gelingen, weil es ja damit in einen anderen Ego-State gewechselt hat, der kaum Kontakt zu den vorausgegangenen Stresszuständen hat.

Gefühle werden körpersprachlich kommuniziert und ausgetauscht

Dafür kommunizieren sie ihre Gefühle körpersprachlich und nonverbal. Wenn Bezugspersonen ihrem Kind helfen wollen, ihre eigenen Gefühle kennenzulernen, um sie besser zu managen, müssen sie sich also zunächst selbst in deren wechselnden Gefühlszustand einfühlen. Dazu kommt aber noch etwas sehr Merkwürdiges: Blitzschnell entsteht im Konfliktfall zwischen Ihnen und Ihrem Kind ein Austausch auf sehr verborgener Ebene, nämlich auf der vegetativen Ebene der Nervensysteme: Die Wut des Kindes überträgt sich blitzschnell auf Ihren eigenen Körper und Ihren Stress- und Anspannungszustand. Der »fliegt« wieder zurück zum Kind, das umso heftiger dagegenhält. Keine dieser natürlichen, spontanen und selbstverständlichen Affekt- und Stressantworten auf Ihrer Seite sind böse, auch nicht der Hass auf das Kind, der sich zuweilen auch einstellt. Auch nicht die Gefühle von Hilflosigkeit, Ausgenutzt- und Ausgeliefertsein. Die Gefühle, die die Angriffe des Kindes auf Sie in Ihnen auslösen, sind deswegen so extrem, weil sie der Psychodynamik der Traumatisierung entspringen: Das Kind dreht unbewusst die Täter-Opfer-Erfahrung um und lässt Sie spüren, wie es sich anfühlt, ein Opfer zu sein. Ihre Wut, Hilflosigkeits- oder Schuldgefühle oder Ihr emotionaler Rückzug sind dann zwar sehr verständlich, helfen dann aber nicht weiter. Was Sie brauchen, ist Selbstbeobachtung und Selbstfürsorge.

Ich möchte Sie ermuntern, das »Unnatürliche« zu erlernen: Lernen Sie Ihre persönlichen Stressantworten kennen, schon deren kleinsten Beginn, nehmen Sie sie wahr und nehmen Sie sie ernst – aber sorgen Sie sogleich für sich selbst, dass Sie wieder in einen guten ausgeglichenen Zustand zurückfinden. Denn nur über Ihre eigene Ausgeglichenheit kann das Kind aus seiner Eskalation herausfinden!

Wohlgemerkt: Ich empfehle hier kein »keep-smiling«, auch kein Zähnezusammenbeißen, sondern Selbstfürsorge für Sie selbst!

Vielleicht ist es besser vorstellbar anhand eines Vergleiches:

Eltern von Säuglingen geraten häufig in eine Verfassung von Erschöpfung, Sorge und ständiger Anspannung. Wenn das Baby schreit, will man es beruhigen, aber die eigene Überforderung und Anspannung überträgt sich sofort auf das Kind und beunruhigt es immer weiter. Daraus kann sich dann leicht ein Teufelskreis ergeben. Auch hier sind Selbstfürsorge bei Mutter oder Vater, ein Unterstützerkreis und Gemeinschaft mit anderen frischgebackenen Eltern von entscheidender Bedeutung. Denn der Säugling ist auf die sogenannte »affektive Außenregulation« angewiesen: Am Körper des Erwachsenen, durch dessen rhythmische Bewegungen und Lieder, durch seinen Stimmklang und durch die intuitive mimische Kommunikation mit seinem einfühlsamen, entspannten, zuversichtlichen Elternteil kann sich der Säugling wieder beruhigen. Wenn er diese Außenregulation in den ersten zwei, drei Lebensjahren zuverlässig bekommen hat, baut sich die Fähigkeit zur eigenen Affektregulation im Nervensystem des Kleinkindes auf. Man kann das dann schön an Kleinkindern beobachten, die sich zum Beispiel mithilfe von Kuscheltier oder Schmusetuch über manche kleineren Nöte hinwegtrösten. Interessanterweise ist perfekte und ständige Außenregulation aber auch nicht förderlich.

Viele traumatisierte Kinder – vor allem wenn die schädigenden Phasen in der frühen Kindheit lagen – haben keine oder kaum Fähigkeiten zur eigenen Affektregulation aufbauen können, oder diese Fähigkeiten haben im späteren Leben massiv Schaden erlitten. Dann sind sie wieder auf affektive Außenregulation angewiesen – so wie Säuglinge es auch sind –, ansonsten verlieren sie die Kontrolle über sich, wenn sie in die Übererregung oder Untererregung geraten. Wie bei Säuglingen wird auch bei einem traumatisierten Kind die Fähigkeit zur Affektregulation durch geduldige Außenregulation aufgebaut. Allerdings dauert das viel länger und wird in schweren Fällen auch meist nicht vollständig erreichbar sein. Aber auch da gibt es Fortschritte.

Aus diesem Grund brauchen Sie ganz ungewöhnliche Fähigkeiten zur Außenregulation bei einem viel älteren Kind. Aber wie die Eltern ihren Säugling nur beruhigen können, wenn sie selbst in der Ruhe sind, so geht es auch Ihnen mit Ihrem Kind.

Damit ändert sich das Prinzip elterlichen Handelns grundlegend: Bei Zuständen von Dysregulationen geht es dann nicht mehr darum, dass Sie sich mit Ihren berechtigten Forderungen sofort durchsetzen, es geht nicht um einen Machtkampf, sondern darum, Ihr Kind zuerst in das »gesunde Fenster der Erregung« zurückzuholen.

Sie müssen also sowohl zu Detektiven in Sachen Kind werden als auch in Sachen Selbstberuhigung! Im Anhang des Buches finden Sie den »Atemtrick«, den Sie einüben sollten. Wenden Sie regelmäßig Entspannungsverfahren an, erlernen Sie Autogenes Training, Meditation oder Yoga. Sie haben einen stark erholsamen und nervenschonenden Charakter. Singen, Sport, Handwerk und kreativer Ausdruck bieten weitere hervorragende Unterstützung. Und sprechen Sie mit Menschen, die Ihre familiäre Problematik verstehen! Die müssen Sie allerdings suchen, weil es von denen sicher nicht so viele gibt.

Übungen

Die Pflege und Stärkung Ihrer eigenen Person und Ihrer Nerven sind unerlässlich!

Was Sie zusätzlich im Ernstfall einer aggressiven Dysregulation machen können, wird weiter unten beschrieben. Zunächst aber eine unerlässliche Vorarbeit mithilfe von Übungen, die von Susan Kinnihead und Margret Blaustein entwickelt worden sind: Die Kommunikationsweise Ihres Kindes ist verdeckt und sehr individuell. Richten Sie Ihre Aufmerksamkeit bitte zunächst auf folgende Fragen:

Was macht Ihr Kind, wenn es **wütend, traurig, aufgeregt, beunruhigt oder angstvoll** ist? Für jedes dieser Eigenschaftsworte suchen Sie bitte – gerne auch gemeinsam mit Ihrem Partner – Antworten in den folgenden nonverbalen Kommunikationsbereichen und schreiben sie auf:

Gesichtsausdruck

Stimmklang

Sprechmenge

Sprechqualität

Körperhaltung und -ausdruck

Annäherung versus Abstandssuche

Wie beruhigt es sich selbst?

Wie schlägt seine Stimmung um?

Für jedes der oben aufgeführten Eigenschaftsworte nehmen Sie bitte ein eigenes Blatt!
Wenn Sie das erledigt haben, können Sie fortfahren, diesmal jede Bezugsperson für sich allein:
Stellen Sie sich eine typische Konfliktsituation in den letzten Tagen mit Ihrem Kind vor!

Folgende Situation: ____________________

Tragen Sie **Ihre eigenen Reaktionen** im Konflikt in die letzte Spalte ein!

Bereich	Selbstbefragung	Selbstbeobachtung
Körper	Was erleben Sie körperlich: Herz, Atem, Anspannung, Kälte- oder Hitzegefühle, Taubheit, Benommenheit etc. Welche Alarmsignale verspüren Sie selbst?	
Gedanken	Welche Gedanken haben Sie über sich selbst? Welche Gedanken über Ihr Kind?	
Gefühle	Welche unterschiedlichen Gefühle tauchen bei Ihnen auf?	

Verhalten	Was machen Sie konkret? Was unterlassen Sie?	
Bewältigung	Was nehmen Sie sonst noch bei sich wahr? Zum Beispiel Ihre Fähigkeiten, die Sie einsetzen, um irgendwie zurechtzukommen. Oder ungesunde Bewältigungsstrategien.	

Fremde Gefühle können in Ihnen Platz greifen

Akzeptieren Sie bitte sich selbst in jedem Ihrer Gefühle, auch Hass, Lust zur Unterdrückung, erotische Reaktionen, Hilflosigkeit etc.! Machen Sie sich klar, dass durch den oben beschriebenen Austausch zwischen den Nervensystemen fremde Gefühle in Ihnen Platz greifen können. Gefühle, die aus der traumatischen Erfahrung Ihres Kindes stammen und die mit Ihnen selbst erst einmal gar nichts zu tun haben. Nur wenn Sie sich in jedem dieser Gefühle annehmen, können Sie die Kommunikation, die da stattfindet, bewusst wahrnehmen und sich dann dazu bewusst verhalten. Zum Beispiel indem Sie sagen: »Ich will jetzt nicht aggressiv werden, aber es fällt mir gerade sehr schwer. Deswegen muss ich mich erst einmal selbst beruhigen! Ich geh jetzt mal raus.« Oder, um ein ganz anderes Beispiel zu nennen, in dem ein Kind sexuell übergriffig auf Sie wird: »Es ist ganz streng verboten, Kinder sexuell zu benutzen. Es gibt zwar manchmal Erwachsene, die das machen, aber das darf auf keinen Fall sein! Ich muss mich jetzt erst einmal selbst sortieren.« Nennen Sie das Gefühl, das der Übergriff in Ihnen ausgelöst hat: »Weißt du, ich bin jetzt ganz starr geworden / ich bin durcheinander / beschämt /erschrocken …« »Du weißt doch, dass ich dich lieb habe, aber jedes Kind verdient Liebe und Zuneigung ganz ohne sexuelle Sachen. Die schaden Kindern nämlich! Ich muss mich jetzt erst einmal sortieren und brauche dafür eine kurze Auszeit.«

Übung

Dafür brauchen Sie einen großen Spiegel und Ruhe. Versetzen Sie sich in eine kürzlich zurückliegende – oder eine andere Ihnen sehr gegenwärtige – Konfliktsituation mit Ihrem Kind. Sowie die Erinnerung wieder gegenwärtig wird, achten Sie bitte auf Ihre Körperreaktionen. Diesmal interessieren uns Ihre körpersprachlichen Signale nach außen. Es könnte sein, dass Sie eine unwillkürliche Krümmung und ein Zusammenziehen um Ihre Körpermitte herum spüren. Oder ein In-sich-Zusammensacken und Erschlaffen. Oder eine Spannungserhöhung, z. B. in Händen oder Beinen. Und was hat Ihr Gesicht gemacht?
Wenn Sie sich in der Erinnerung zurückversetzt haben, werfen Sie einen Blick in den Spiegel, achten Sie auf Ihren Gesichtsausdruck und die optische Ausstrahlung Ihres Körpers! Achten Sie wieder auf Ihr Körpergefühl! Welchen Bewegungsimpuls spüren Sie in sich? Geben Sie ihm in dieser Übungssituation nach und beobachten Sie sich selbst dabei freundlich und verständnisvoll. Werten Sie sich bitte nicht für Ihre Impulse und Affekte ab. Anderen würde es an Ihrer Stelle nicht besser ergehen.

Es könnte sein, dass Sie in und an sich Täter- oder Opfersignale bemerken, die Sie ungewollt aussenden. Darauf reagieren traumatisierte Kinder viel stärker als auf Ihre moralischen, ethischen oder religiösen Werte, Überzeugungen und Appelle.

»Fallbeispiel Majas Mutter: *Eine Mutter beobachtete an sich selbst, dass sie in Hausaufgabensituationen oft extrem angespannt war (Verspannung in Kiefer, Fäusten, Schultern). Innerlich »kochte« sie wegen der Unfähigkeit des Kindes und wollte es am liebsten ohrfeigen. Sie wusste zwar, dass sie »nur« ein »Mein Gott!« zwischen den Zähnen herausgepresst hatte, aber ihr wurde nun klar, welche Sprache ihre körperliche Anspannung in dieser Situation gesprochen hatte: die Tätersprache.*
Sie nahm sich vor, nach Möglichkeit nicht mehr in eine solche Situation zu geraten, und reagierte ab da mit einer Ich-Botschaft, sowie sie die innerliche Anspannung wachsen fühlte: »Du, Maja, ich bin im Moment etwas angespannt, und das hilft uns beiden nicht. Ich möchte mich erst einmal etwas beruhigen und dann können wir weiterschauen. Ist es in Ordnung, dass ich für fünf Minuten im Garten frische Luft schnappe? Oder möchtest du, dass ich im Zimmer / Haus bleibe?« Maja wollte, wie viele jüngere Kinder, dass die Mutter im Zimmer blieb, und die Mutter stellte sich dann ans offene Fenster, machte den Atemtrick (siehe Anhang) und ging anschließend in ihrer Vorstellung langsam eine zehnstufige Treppe nach unten, wobei sie rückwärts zählte (s. die Wut-Treppe im Anhang). Bei null angekommen, imaginierte sie sich ihr helfendes Wesen, das sie in den Arm nahm, und konnte plötzlich – solchermaßen gehalten und gestärkt – spüren, wie unglücklich und verzweifelt Maja über ihre eigene Unfähigkeiten und Blockaden war. Nach zwei Minuten am Fenster konnte sich Majas Mutter wieder zu ihr setzen, und plötzlich ließ sich das gerade noch so wütende und unbotmäßige Kind in den Arm nehmen, trösten und später zu einem neuen Anlauf ermutigen.
Majas Mutter hatte in der Übung am eigenen Leib gespürt, dass sich Majas traumatisierende Vergangenheit in der Hausaufgabensituation irgendwie aktualisierte und dass beide sowohl die dazugehörigen Hilflosigkeitsgefühle (Opfergefühle) als auch die dazugehörigen massiven Aggressionen (Täteraffekt) aufbauten.

»Fallbeispiel Bertis Vater: *Bertis Vater ist ein hoch qualifizierter und angesehener Mann, fast schon eine öffentliche Persönlichkeit. Er ist nicht* *viel zu Hause, aber Hausaufgabenhilfe für Fächer wie Mathematik und Chemie, die Berti als Gymnasiast lernen muss, übernimmt er lieber selbst. (In Bayern sind überdurchschnittlich viele Gymnasiasten auf beständige private Unterstützung ihrer schulischen Leistung durch Eltern oder Nachhilfelehrer angewiesen.) Berti weiß zwar, dass er die Unterstützung seines Vaters braucht, aber nur in einem Teil seiner Persönlichkeit, nämlich in dem ehrgeizig kalkulierenden Gymnasiasten-Alltags-Ich. Die anderen Ego-States reagieren auf ganz andere Aspekte der Situation: Er hat einen destruktiv-abwertend-verächtlichen Ego-State, der sich durch höhnischen Blick und schließlich abfällige Bemerkungen bemerkbar macht, sowie der Vater etwas mehr Zeit braucht, um sich in eine Aufgabe hineinzudenken. Er hat weiter einen verletzten, vereinsamten Kleinkinder-Ego-State, der voll Horror an die Mutter um Zuwendung und Schutz appelliert, sowie der Vater zynisch reagiert oder die Situation wütend verlässt oder aggressiv wird. Die Mutter hat sich deswegen angewöhnt, sich immer in der Nähe aufzuhalten, um die beiden zu beschwichtigen, was ihr aber nicht unbedingt gelingt. Nur selten gelingt es den dreien, das emotionale Pulverfass nicht zu zünden, sondern sich den Naturwissenschaften zu widmen.*

Bertis Eltern finden beide für sich heraus, dass sie mit einem eigenen Anteil zu diesen unsäglichen Eskalationen beitragen: Zuerst entdeckt die Mutter, dass sie wegen einer postpartalen Depression Berti immerzu mit Schuldgefühlen begegnet und etwas gutmachen will, weil sie spürt und weiß, dass diese Zeit ihrem Jungen geschadet hat, als sie in der dunklen Nacht versunken und ihr ihr Baby über lange Monate gleichgültig gewesen war.

Später dann kann Bertis Vater sich daran erinnern, wie viel Schläge und Demütigungen er von seinem eigenen Vater wegen schulischer Leistungsprobleme kassiert hatte, wie diese Drohung seine ganze Kindheit überschattet hatte und wie sehr er sich ständig bemüht hatte, es seinem Vater recht zu machen. Ihm wurde bewusst, dass nicht nur Furcht, sondern auch Hass auf den eigenen Vater entstanden war, intensive Wunschfantasien, ihn mit Worten und Taten in den Dreck zu stoßen. In der Gegenwart triggern die höhnischen Blicke und Bemerkungen Bertis nun beim Vater diese eigene Urerfahrung: Berti verwandelt sich in der subjektiven Wahrnehmung des Vaters ein Stück weit in seinen eigenen Vater (Projektion) und bekommt jetzt Affekte ab, die eigentlich dem Vater galten. Berti selbst war zwar niemals von seinen Eltern misshandelt worden, aber in seiner psychischen Entwicklung lief etwas von Geburt an in die falsche Richtung.

Babys von depressiven Müttern bemühen sich zwar, die Mama in den emotionalen Kontakt hineinzuholen – zuerst durch Augenkontakt, mimisches Spiel, Lachen, Gurren und Gestikulieren. Dann durch Schreien und Weinen, und wenn sich das Problem chronifiziert, dann durch Hyperaktivität, Ungezogenheiten und Aggressionen. Denn ein negativer Kontakt ist emotional um vieles besser als gar keiner! Aber meist gelingt das dem Baby nicht, und dann verfällt es schnell in Resignation und Apathie und Dissoziation. Dazu gibt es im Internet unter »Still Face Experiment« einen zweiminütigen Film von Dr. Edward Tronick zu sehen, der diesen ganz typischen Verlauf wiedergibt, obwohl die Mutter kaum eine Minute ihr Baby im »Still-face-Modus« fixiert.

Wird eine postpartale Depression der Mutter nicht schnell von ihrem Umfeld erkannt, behandelt und durch andere Erwachsene ausgeglichen, die dem Baby emotional und versorgend zur Verfügung stehen, dann reagiert das Kind mit einer dissoziativen, also desintegrierten Prägung der hirnphysiologischen und psychischen Entwicklung.

» *In Bertis Fall hat es mehrere Wochen gedauert, bis das Umfeld realisierte, dass es mehr als eine vorübergehende Unpässlichkeit war, und weitere Wochen, bis die Versorgungssituation für Berti stabil geworden war. Sowohl die Omas als auch Bertis Vater übernahmen intuitiv den Part der emotionalen Resonanz für Berti, sodass Berti eher ein Papa-Kind wurde. Trotzdem waren seine Möglichkeiten einer gesunden Hirnausreifung mit Integration und Vernetzung ein Stück beeinträchtigt, sodass sich die frühesten Formen von isolierten Ego-States herausbildeten: Der vereinsamte verängstigte Säugling, der spürt, dass es für ihn keinen Platz auf der Welt gibt, und der wütende, um Aufmerksamkeit und emotionale Bedeutung kämpfende Säugling. Der hämisch-abwertende Ego-State dagegen half ihm ursprünglich, seine Verletztheit zu verbergen, und funktionierte nach dem Motto »Angriff ist die beste Verteidigung«.*

Beziehungsnähe, Körpersprache und Ego-States bei der Komplexen Entwicklungsstörung nach Frühtraumatisierung

Sie sorgen für ein Kind, das Situationen extremer Hilflosigkeit, Existenzangst und Not in seiner frühen Kindheit ausgesetzt war? Dessen Not womöglich von seinen nächsten Bezugspersonen verursacht wurde? Dann haben Sie ein noch größeres Problem als die bisher dargestellten.

Denn Sie leben mit einem Menschen zusammen, der für jedes kleine Signal bezüglich Ablehnung, Vereinsamung, Kontrollverlust und Überlastung hochgradig sensibilisiert ist und unmittelbar darauf reagiert. Das Kind rutscht unabsichtlich – je nach dem Ergebnis des biologischen Kräftechecks und der Qualität der aktuellen Triggersituation – in eine Opfer- oder Täterrolle, d.h., ob und wie stark es sich unterwirft und ob und wie stark es aggressiv dysreguliert, liegt nicht in seinem bewussten Ermessen. Also auch wenn es die aggressive Dysregulation kappt – wie z.B. häufig bei einem größeren massiveren männlichen Gegenüber –, hat es nur scheinbar mit normaler Anpassung zu tun: In Wirklichkeit ist es eine Unterwerfung angesichts der Kräfteverhältnisse. Wenn die Dysregulationen aber in voller Stärke und ungebremst ablaufen, wird jeder, der dabei ist, die total abnormale Dynamik erleben und erkennen – aber jeder andere, der das nicht selbst erlebt hat und davon nur erzählt bekommt, wird nicht glauben, was er da hört. Eher wird er Sie für inkompetent oder maßlos empfindlich halten oder für bösartig oder überbesorgt oder … Dadurch entsteht für Sie oftmals zusätzliches

Leid, weil Sie sich in einer großen Not sozial und emotional isoliert erleben. Die Menschen um Sie herum verhalten sich allerdings nur in den seltensten Fällen aus bösartigen Motiven heraus so abfällig. Im Allgemeinen können sie sich schlicht nicht im Entferntesten vorstellen, zu welch exzessiv unnormalem Verhalten Kinder mit einer frühen Traumageschichte getrieben werden und dass dies nicht durch das Hier und Jetzt verursacht ist, sondern durch das Damals. Verstärkt wird dieses völlige Unverständnis durch die Tatsache, dass diese außenstehenden Erwachsenen Ihr Kind fast ausschließlich in anderen Ich-Zuständen bzw. »Ego-States« erleben, oft als reizende, charmante, unter Umständen sogar perfekte Kinder oder Schüler. Das liegt an den entfernteren Beziehungen, die sich in dreierlei Hinsicht von den extrem nahen Beziehungen in einer Familie unterscheiden:

- Auch wenn diese Kinder scheinbar Vertrauen zu Kindergartenerzieherinnen oder Lehrern gefasst haben, so wird dies wohl kaum jemals der Fall sein. In Wirklichkeit beobachtet ihr biologischer Überlebensmechanismus und checkt ab. Das ist ganz ähnlich wie in der Aufnahmephase der meistens Pflege- und Adoptivkinder in die neue Familie: Die Kinder sind meistens unauffällig, manche sogar so extrem unauffällig, dass es schon wieder auffällt.
- Öffentlichkeit ist ein starker unbewusster Regulator.
- Die seelische Verletzbarkeit ist innerhalb der Familie besonders hoch, weil das Kind in intensiver Nähe zu Ihnen über einen langen Teil des Tages und der Nacht über viele, viele Jahre hinweg lebt und dem kaum entkommen kann. Wenn es nun aber in einer früheren familiären Unentrinnbarkeit traumatisiert worden ist und aufgrund von Nichterkennen des Dramas oder aufgrund von Verwahrlosung oder emotionalem Desinteresse früher faktischer oder emotionaler Vereinsamung ausgesetzt war, dann wird es sich genau nach dieser emotionalen Verbundenheit und diesem Halt im Leben zutiefst sehnen – aber eben nur in einem Teil seiner fragmentierten Persönlichkeit. In den anderen Teilen erlebt es Panik, Hass, Rachedurst, Schmerzen, Todesangst …

Die im letzten Spiegelstrich beschriebene Verdichtung hat Ihr Kind nicht in seinem öffentlichen Leben (Kindergarten, Schule, Hort, Nachbarn ...), sodass es dort über die meiste Zeit oder in manchen Fällen sogar permanent ziemlich unauffällig ist.

Wie verträgt sich jetzt diese Darstellung mit den vielen Problemen, die man aus Kindergarten, Schule oder Vereinen berichtet bekommt? Schließlich sind viele Kinder kaum arbeits- und gruppenfähig, reagieren äußerst verzweifelt auf Misserfolge oder Zurückweisungen. Aber gerade hier wird offensichtlich, dass der größte Teil der Emotionen, die durch diese Trigger ausgelöst werden, Sie zu Hause ausbaden müssen. Auch wenn die Kinder in der Schule schon verhaltensauffällig werden, so explodieren oder implodieren sie doch meistens erst zu Hause. Wenn sie im Schulhof aus Versehen geschubst werden, geben sie es zwar impulsiv und womöglich auch ungebremst zurück. Aber in den meisten Fällen bleibt dieser unverständliche, massive Schlag als solcher stehen und weitet sich nicht zu einem Krieg unter Kindern aus. Aber zu Hause werden Sie dann vermutlich die dazugehörigen Gefühle von Wertlosigkeit und Abgelehntsein oder Bedrohtheit, die durch den Rempler getriggert worden sind, vor die Füße gekippt bekommen. Natürlich nicht als verbale Erzählung über die Schulhofbegebenheit, sondern körpersprachlich als erregte Anspannung, die sich beim geringsten Anlass in Beschimpfungen gegen – meist – die Mutter Bahn brechen wird. Wie die Sache dann häufig weitergeht, werden wir im folgenden Kapitel über »die Erregungskurve der aggressiven Dysregulation« sehen.

Wie kann man mit eskalierenden Interaktionen umgehen?

Ihre Aufgabe als Bezugsperson ist es, den Mangel an affektiver Selbstregulation Ihres Kindes durch Ihr Verhalten auszugleichen. Meine dringenden Empfehlungen für den nächsten Konfliktfall sind also:

- Machen Sie sich vom Druck frei, jetzt Konsequenz beweisen oder sich in dem Moment durchsetzen zu müssen!
- Setzen Sie möglichst schnell Ihre Selbstberuhigungsmethoden (Beispiele dafür im Anhang) ein!
- Ihre einzige akute Aufgabe ist es, wenn nötig Schaden zu begrenzen oder möglichst zu verhindern. Entweder bringen Sie dann sich, andere Personen oder auch Gegenstände in Sicherheit. Oder, wenn Sie es sich kräfte- und energiemäßig zutrauen, stoppen Sie Ihr Kind körperlich zum Beispiel durch Festhalten.
- Wenn akute Gefahr abgewendet ist, sorgen Sie dafür, dass sich alle Beteiligten zunächst beruhigen können. Sagen Sie möglichst ruhig: »Du weißt ja selbst, dass das so nicht geht. Schade! Aber jetzt klopft mein Herz wie verrückt und ich bin außer mir.« (oder je nachdem, was Sie bei sich selbst wahrnehmen)
- »Es hilft uns ja beiden nicht, wenn ich so aufgeregt bin. Ich muss mich jetzt erst einmal selbst beruhigen«, wobei Sie Ihre persönliche Selbstberuhigungsmethode auch benennen können.
- »Wenn wir uns beide beruhigt haben, werden wir darüber reden.«

Besser ist es aber, noch früher aktiv zu werden:

- Achten Sie auf die allerersten nonverbalen Signale von Stress bei Ihrem Kind und bei sich selbst und reagieren Sie mit folgender **Ich-Botschaft,** bevor es austickt: »Du, warte mal, ich merke gerade, dass ich mich aufrege, und das hilft uns ja beiden nicht. Ich muss mich jetzt erst einmal etwas beruhigen.«
- Setzen Sie dann Ihre eingeübten Selbstberuhigungsmaßnahmen ein.
- Klären Sie dann, wo das Kind sich am besten selbst beruhigen kann. Ältere Kinder gehen oft gerne in ihr Zimmer. Das ist dann kein Ausweichen, sondern eine sehr sinnvolle Möglichkeit, wieder zu sich selbst zu kommen.
- Jüngere brauchen dagegen oft Ihre Nähe, was Ihre Beruhigung erschwert. Dahinter steckt aber oft die Verlustangst der frühen Kindheit. Reagieren Sie dann bitte auf den Ego-State des »kleinen Kin-

des« im dysregulierten Zustand, das erst einmal wieder zu sich kommen muss: Summen, Singen, Wiegen, mal Abstand, mal in den Arm nehmen …

- Harmlose Weck-Reize wie Klatschen, Eiswürfel in die Hand oder in den Nacken geben, Aroma-Fläschchen unter die Nase halten, Fishermen Friends in den Mund etc., für jeden Sinneskanal Ideen sammeln und ausprobieren! Denn geeignete Weck-Reize beenden dissoziative Zustände, sodass sich das Kind wieder in der Realität orientieren kann. Achtung: Niemals »klassische« Methoden einsetzen wie Ohrfeige, Riechsalz etc., denn diese sind gewalttätig und bestätigen nur die Täter-Opfer-Spaltung in der kindlichen Weltsicht.
- Sollte Ihr Kind erschlafft und weggetreten sein, versuchen Sie bei ihm seinen Muskeltonus zu verbessern, indem Sie es kräftig reiben oder sich auf den Schoß setzen und vorsichtig »Hoppehoppe Reiter« mit ihm spielen, bis es körperlich reagiert und wieder »aufwacht«.

»Beispiel Dino (11 Jahre): *Dino wurde mit eineinhalb Jahren adoptiert. Er ist sowohl ein ganz lieber und anschmiegsamer Junge als auch ein wütender, hasserfüllter Junge, der seiner Mutter die kränkendsten Beleidigungen entgegenschleudert und sie auch dabei schlägt. Dino möchte Playstation spielen, hat aber noch nicht, wie ausgemacht, sein Zimmer aufgeräumt. Als seine Mutter darauf besteht, brüllt er sie an: »Du Arschloch, du hast mir doch gar nichts zu sagen! Hau ab, blöde Kuh!« Mutter empört: »Was soll das denn jetzt!? Du weißt, was wir ausgemacht haben!!«, und stellt sich ihm in den Weg, als er zur Playstation gehen will. Dino schubst sie und tritt nach ihr. Die Mutter nimmt etwas Abstand von Dino, setzt ihre persönliche Selbstberuhigung ein (in ihrer Vorstellung lehnt und stützt sie sich an einem kräftigen schützenden Baumstamm. Ihr Affektzustand wechselt von Wut zu Traurigkeit) und sagt dann: »Dino, du weißt ja selbst, dass das so nicht geht. Ich bin traurig und aufgewühlt und möchte mich erst einmal beruhigen. Ich geh jetzt ein Weilchen auf meine Yogamatte nebenan.« »Ist mir doch egal!«, schreit*

Dino noch: »Hau doch ab!«, aber als seine Mutter aus dem Zimmer geht, folgt er ihr unschlüssig und beobachtet sie, als sie sich niederlässt. Nach einem Weilchen zieht er sich selbst wieder zurück, geht in die Küche und räumt die Spülmaschine aus. Später geht er wieder zur Mutter, und als er sieht, wie sie entspannt und freundlich zu ihm hinschaut, legt er sich zu ihr auf die Yogamatte und kuschelt sich an sie. Die Mutter, streichelt ihn und fragt dann sanft: »Und hast du denn eine Idee, wie wir das Problem jetzt lösen können?« – »Du, Mama, ich hab schon die Spülmaschine ausgeräumt!« – »Ja, das ist prima, Dino! Und was machen wir mit deinem Zimmer?« Dino mault ein Weilchen in sich hinein und fragt dann: »Hilfst du mir vielleicht beim Aufräumen?« – »O. k., Dino.« Beide spüren, dass es emotional wieder gut ist zwischen ihnen.

Wenn Sie sich jetzt mit Ihrem Kind in einer beruhigten emotionalen Situation befinden, können Sie sich gemeinsam die (zum Beispiel) letzte Eskalation einmal anschauen. Das kann aber auch erst Tage später stattfinden, was eher förderlich ist. Nehmen Sie dafür am besten Spielfiguren oder Kuscheltiere für jeden Beteiligten und stellen Sie den Ablauf als eine Art Theater dar, sodass sie alle miteinander Distanz zum Geschehen »auf der Bühne« haben.

»Fortsetzung Dino: *Seine Mutter sagt: »Dino, ich möchte besser verstehen, was los war, bevor du wütend geworden bist, kannst du dich daran erinnern?« – »Du hast mir die Playstation verboten. Dabei hatte ich an dem Tag noch gar nicht gespielt!« – »Ja, genau. Ich hab gesagt, dass du erst dein Zimmer aufräumen musst. Was hast du denn da geglaubt, als ich das gesagt habe?« – »Dass dir sowieso alles egal ist, was ich will.« »Meinst du so in dem Sinn, dass du mir egal bist und ich dir deswegen auch nichts Gutes gönne?« – »Ja, genau!« – »Das stelle ich mir als ein echt blödes Gefühl vor, wenn man sich als Kind so fühlt!« Dino sagt nichts dazu und guckt nur zu Boden. Mutter: »Wie ist es denn jetzt, wo wir darüber reden? Fühlst du dich jetzt auch so, als ob du mir egal wärest?« Dino schüttelt den gesenkten Kopf. Seine Mutter legt ihren Arm um ihn: »Da* *bin ich aber froh, Dino. Denn du weißt doch, dass du mein Herzenskind bist, mein Wunschkind. Du bist mir niemals egal! Auch wenn ich mal dagegen bin, was du gerade machst oder willst, so bist du mir doch immer wichtig – ganz wichtig sogar!« Dino kuschelt sich in ihren Arm. Mutter: »Was machen wir denn, wenn Minka auf den Tisch springt?« Dino: »Wir scheuchen sie runter.« – »Genau, ich rufe auch: Hau ab, Minka!« – »Du sagst aber auch ›Blödes Vieh‹ zu ihr!«, grinst Dino, »das ist nicht nett von dir!« – »Genau – ich bin dann sauer auf die Katze! Aber ich liebe sie trotzdem, oder? Auch wenn ich auf sie sauer bin, weil sie verbotene Sachen macht, liebe ich sie doch trotzdem!« »Schön ist das trotzdem nicht von dir, Mama. Minka bekommt nämlich Angst.« »Eigentlich bekommt sie eher einen Schreck. Was können wir denn machen, dass du keinen Schreck bekommst, wenn ich dir etwas verbieten muss? Weißt du, Eltern müssen ihren Kindern viel verbieten, damit sie lernen, was in Ordnung ist und was nicht. Oder was gut für sie ist und was schädlich, obwohl es vielleicht sehr verlockend ist. Aber ich möchte nicht, dass du noch einmal so einen Schreck bekommst, dass du mir egal wärst!« Die beiden überlegen, mit welchem Zeichen oder Wort das Verbot verträglicher würde. Sie kommen darauf, dass sie zuerst sagen könnte: »Dino, ich weiß, wie gerne du Playstation spielst! Räum erst auf und dann kannst du eine Stunde spielen!«*

Was sind die typischen Trigger bei Ihrem Kind?

Wir müssen also die Detektivarbeit weiter fortsetzen. Ehe Sie weiterlesen, notieren Sie sich zunächst mindestens drei typische Auslöser für Dysregulationen bei Ihrem Kind. Denken Sie dabei sowohl an aggressive Ausraster wie auch an regressive Kleinkind-Zustände oder von der Welt abgekoppelte Zustände von Apathie, Depression oder Trance.

Neben den ganz individuellen Auslösern kommen ziemlich regelmäßig folgende Situationen als Trigger vor:

- Sie weisen Ihr Kind auf einen Fehler hin
- Ablehnung durch andere Kinder
- Misserfolg in der Schule
- Druck, z. B. Zeitdruck, Anspannung bei der Bezugsperson, Leistungsdruck
- Unerwartete Änderungen im Tagesablauf oder generell zu wenig Regelmäßigkeit, Rituale und Routine in den Abläufen
- Besuch beim Arzt / Zahnarzt / Krankenhaus, insbesondere wenn eine Spritze o. ä. ansteht
- Wenn Sie dem Kind einen Wunsch abschlagen, insbesondere wenn er aus einem Suchtkreis stammt, also Süßigkeiten, elektronische Medien …
- Umgangskontakt mit dem / den Menschen, die ihm in der Vergangenheit den Schaden zugefügt haben oder mit diesen eng verbunden sind oder auch nur waren. Aber beachten Sie: Üblicherweise findet die Dysregulation nicht während des Kontaktes statt – da wechseln die Kinder nicht selten in die motorische Stressreaktion mit instinktiver Täuschung (alles ist prima oder gar lustig; Kind ist brav oder Kind ist zärtlich …). Aber nach dem Kontakt bricht es zusammen: Aggressionen, oppositionelles Verhalten, Schlafstörungen, Selbstbeschädigungen, schlimme Albträume, Ängste, Panikzustände, depressiver Rückzug, mentale Abwesenheit etc. nehmen extreme Ausmaße an, und das Kind ist meist erst nach Tagen wieder in einem ausgeglicheneren Zustand.

Fehler und Misserfolge werden im Gehirn genauso beantwortet wie die Zufügung von Schmerz – und zwar auch bei ganz normalen Menschen! Natürlich kommt es darauf an, was eine Kultur als Fehler ansieht. Zum Beispiel konnte man noch vor zweihundert Jahren so ziemlich schreiben, wie man wollte, solange es schön aussah. Heute ist jedes Wort in seiner Schreibweise genau festgelegt, und Abweichungen werden rot angestrichen. Jeder rote Strich ist ein schmerzhafter Stich. Übrigens auch für alle Erwachsenen, die zu pflichtbewussten nützlichen Bürgern sozialisiert worden sind. Deswegen reagieren wir selbst so empfindlich, wenn unsere Kinder, mit denen wir irgendwie ja auch identifiziert sind, Fehler machen.

Bettina Bonus hat uns auf die versteckte Besonderheit im Selbstkonzept von Menschen aufmerksam gemacht, die früh durch Bezugspersonen abgelehnt und/oder traumatisiert wurden. Im Kern lautet es: »Ich bin ein Fehler auf dieser Welt!« Obwohl sie häufig Zustände von Größenwahn und Selbstüberschätzung haben, brechen diese doch innerhalb von Sekundenbruchteilen in sich zusammen, sowie sie scheitern, und manchmal geschieht das schon beim ersten kleinen Fehler. Was wir als kleinen Schmerz wahrnehmen, hat für sie also vermutlich die ungleich dramatischere Dimension eines Schocks. Der Ego-State, in den das Kind dann fällt, kann umschrieben werden mit: »Ich kann gar nichts – ich tauge nichts – niemand will mich haben – niemand liebt mich – ich bin ganz allein auf der Welt – ich bin ein Fehler auf der Welt.« Zum Thema des Anstrengungsverweigerungssyndroms können Sie etwas später noch mehr erfahren.

Bei allen Triggern gilt folgender Umgang:

1. Sie gemeinsam identifizieren
2. Sie vermeiden
3. Wenn man sie nicht (wie bei Hausaufgaben) oder nur schwer vermeiden kann, rechtzeitig besprechen, was stabilisieren, beruhigen oder trösten kann
4. Gegenstände, Rituale und Sprichwörter, die Trost, Heilung, Nähe und Mut geben, entwickeln und oft anwenden. Denn die Fähigkeit zum Umlernen ist extrem reduziert
5. Alternative Reaktionen in Rollenspielen – zum Beispiel mit Handpuppen oder Kuscheltieren – einüben. »Wenn Fabian dich Spasti nennt, was machst du dann?« Nicht wundern, dass es anfangs nicht klappt. Es ist eine Hilfe, wenn Sie die Rolle Ihres Kindes spielen und dieses den Fabian. Seien Sie darauf vorbereitet, dass das Wort »Spasti« Sie unerwartet heftig treffen wird! Sie können dann auch gerne Ihren eigenen Schock Ihrem Kind erzählen: zum Beispiel:

»Buh, ich hatte gerade das Gefühl, als ob mir das Herz stehen bleiben würde!«

6. Ihr eigenes Verhalten neu absprechen. Manuelas Mutter (Kapitel 1, S. 46) fragt ihre Tochter: »Wenn ich dich nicht sprechen sehen kann und ich dich nicht verstehe, was soll ich dann stattdessen zu dir sagen?«

Vorbeugend kann man manche Triggersituation entschärfen:

- Indem man **Familienregeln** gemeinsam erarbeitet, auf ein schönes großes Kartonpapier schreibt und an zentraler Stelle aufhängt.

  »Wir tun niemandem weh! Wir machen nichts kaputt! Wir lügen nicht! Wir beleidigen nicht! Für alle Regelbrüche leisten wir Wiedergutmachung. Gewalttaten müssen gestoppt werden.«

  Regelübertretungen können auch sachlich sanktioniert werden, zum Beispiel durch einen gestaffelten Geldstrafen-Katalog je nach Alter und Einkommen. Die Strafkasse dient dann gemeinsamen Familienvergnügungen.

  Dann muss vereinbart werden, wie jeder Dampf ablassen darf, körperlich und verbal. Wütende Vorwürfe wie »Du bist gemein!« oder auch »böse!« zu den Eltern oder »Du bist ja sooo blöd!« zu den Geschwistern sollten erlaubt sein.

  Auch die Erwachsenen können diese Regeln nicht immer einhalten, sodass auch für sie die ausgemachte Wiedergutmachung greift. Das ist extrem wichtig!

  Die erste Zeit nach der Einführung muss sehr streng genommen werden und braucht deswegen einen festen Willen bei den Eltern. Das öffentliche Aufhängen und genaue Besprechen der Regeln anhand von Beispielen erleichtert Ihre Position als Erziehungsbeauftragte erheblich. Nicht mehr Sie sind die / der Verbietende und Gemeine, sondern die Regeltafel an der Wand. »Meinst du wirklich, dass du das jetzt tun willst? – Du weißt ja (Kopf nickt zur Tafel hin.) ….«

Wenn das Kind sich trotzdem »dafür entscheidet«, sein Schulheft kaputt zu reißen. »Puh, ein Schulheft ist eine schwerwiegende Sache. Schade! Du weißt ja.« (Sie nicken wortlos zur Regeltafel hin.) »Aber jetzt beruhigen wir uns erst einmal etwas.«

- Indem man die Wochenstruktur seines Kindes auf eine Magnettafel bringt, sodass es sich gut zeitlich orientieren kann. Dadurch entsteht ein Empfinden von Kontrolle über das eigene Leben, was enorm viel Stress beseitigt. Ausnahmetermine oder Änderungen im Ablauf können dann rechtzeitig gemeinsam in die Wochentafel eingefügt werden, sodass sie erträglicher werden.

»Beispiel Nicky (6 Jahre): *Nicky ist ein Pflegekind mit einer Vorgeschichte von früher Verwahrlosung und Alkoholspektrumsstörung, was auch ihre geistigen Fähigkeiten beeinträchtigt. Sie ist ein süßer Fratz, aber gegenüber ihren sehr liebevollen Pflegeeltern nur und ständig in Opposition bis hin zu massiven Attacken gegen die Pflegemutter. Als sich die Pflegeeltern die Mühe machen, eine Magnettafel mit Symbolen zu entwickeln für alle Aktivitäten während der Woche, kommt Nicky innerhalb weniger Tage zur Ruhe. Jeden Tag läuft sie immer wieder in ihr Zimmer und studiert »ihren« Tag, allmählich bezieht sie auch die kommenden Tage ein. Sie erlebt sich nun als Meisterin ihres Alltags, als eine, die den Überblick hat – und sie entspannt sich.*

Generell schotten Sie sich besser ab gegen die ständigen Turbulenzen, Verlockungen und Ansprüche unserer Gegenwart! Entwickeln Sie einen Tages-, Wochen- und Jahresablauf mit viel Rhythmus, Ritualen und Ruhepausen!

- Beziehen Sie Menschen ein in Ihr Familienleben, die Sie entlasten – aber in einem zuverlässigen Rhythmus, den Ihr Kind vorhersehen kann.
- Stellen Sie mit Ihrem Kind eine Triggerliste zusammen und vereinbaren Sie zusammen, wie Sie gemeinsam mit diesen Situationen umgehen wollen!

Selbstkonzept und Anstrengungsverweigerung

Leistungs- und Anforderungsdruck ist für viele traumatisierte Kinder ein besonderes Problem, weil er den sowieso schon erhöhten inneren Anspannungszustand noch zusätzlich in die Höhe treiben kann. Zuweilen gibt es aber auch Kinder und Jugendliche, die gerade die Schule als Schutzraum erleben und LehrerInnen als wichtige Bezugspersonen, für die sie auch gerne arbeiten. Bei diesen Kindern sind Schule und Schulerfolg eine wichtige Kraftquelle. Bei hoch dissoziativen Kindern und Jugendlichen kann es zuweilen auch vorkommen, dass es neben hoch destruktiven Ego-States einen anderen Ego-State »der/die perfekte SchülerIn« gibt, was trotz vorbildlicher Schulkarriere leider nicht vor einem späteren Totalzusammenbruch schützen wird.

Normalerweise ist es aber so, dass sich nach früher Bindungs- und Gewalttraumatisierung mit Ablehnung ein riesiges Leistungsproblem aufbaut. Bettina Bonus (»Mit den Augen eines Kindes sehen«) gebührt der Dank dafür, dass sie das »Anstrengungsverweigerungssyndrom« als eine unmittelbare Folge der frühen Bindungs- und Gewalttraumatisierung beschrieben hat! Außerdem stellte sie den Zusammenhang zu dem typischerweise beschädigten Selbstkonzept dieser Kinder her.

Ich möchte diesen Zusammenhang mit meinen Worten und nach meinen therapeutischen Erfahrungen darstellen: Die leibseelischen Erfahrungen in Schwangerschaft, Geburt und frühester Kindheit kann man unter allen möglichen Gesichtspunkten betrachten, unter anderem, ob sie dem (ungeborenen) Baby vermittelten: Du bist mein geliebtes, mein willkommenes Kind! Wenn dies so war, dann ist der Kern des späteren kognitiven Selbstkonzeptes das tiefe leibseelische Wissen: »Ich bin ein geliebtes, ein willkommenes Kind!« Mit diesem tiefen Vertrauen kann das Kind sich leichter anvertrauen und fallen lassen, Bindung suchen und aufrechterhalten, auch wenn es zwischendurch mal keine Resonanz von seinen Hauptbezugspersonen bekommt. Auch die Bindungsreparatur nach Schockerlebnissen gelingt so leichter, weil das Kind dabei mithilft: Es zeigt offen seine Not, nimmt die elterlichen Bemühungen an, auch wenn sie nicht perfekt gelingen, und es signalisiert die Fortschritte im Prozess der Bindungsreparatur. Sichere Bindung ist die beste Basis für die angstfreie und neugierige Exploration der Umwelt, für die Freude am Ausprobieren, am Herausbekommen und am Erfolg. Misserfolge werden dann viel leichter akzeptiert und spornen oft zu neuen Versuchen an. Hier sind Fehler kein Beinbruch, und Weisheiten wie »aus Fehlern wird man klug« klingen nicht hohl.

Ganz anders verhält sich alles bei Kindern, die durch Schwangerschaft, Geburt und frühester Kindheit die leibseelische Erfahrung gemacht haben: »Ich soll nicht sein!«, »Ich bin der Grund für Mamas Unglück!«, »Egal, wie sehr ich mich anstrenge, Mama zu mir zu holen – ich schaffe es nicht!« Ihre Bemühungen, ihre Mutter nach der Geburt in eine Beziehung zu bekommen, scheitert. Und wenn sie nicht völlig scheitern, so doch immer wieder, sodass sie mal Zuwendung, mal schlechtes Gewissen, mal Wut, mal Hass und ganz oft Nichtbeachtung oder gar Verlassenheit erleben. Sie sind in ihrer zentralen Lebensaufgabe ihres frühen Lebens gescheitert, eine verlässliche Bindung zu ihrer Bezugsperson aufzubauen, denn der Bindungsaufbau zwischen Säugling und Erwachsenem ist keine einseitige Aktivität der Eltern. Sogar Neugeborene sind schon hoch aktiv in diesem Prozess, aber sie brauchen unbedingt dafür die feinfühlige Resonanz ihrer Bindungspersonen. Wenn Resonanz nicht nur nicht feinfühlig ist, sondern feindselig oder ganz ausfällt und sich niemand sofort als vollwertiger Ersatz für die Mutter anbietet, dann sind die Winzlinge existentiell gescheitert. Wie es Bettina Bonus einmal eindrucksvoll formuliert hat, umfasst ihr Selbstkonzept dann ein tiefes Wissen von:

»**Ich bin ein Fehler auf dieser Welt!**« Jedes spätere Scheitern – und sei es noch so belanglos oder verständlich – aktiviert und bestätigt dann dieses Selbstkonzept, und das ist purer Schmerz. Um den zu vermeiden, werden Anstrengungen aufgegeben, vor allem für Ziele, die einem keine Motivation geben. In dem Augenblick, in dem dann Leistung, Übung, Konzentration abgefordert werden, greift Resignation um sich, meist gepaart mit Aggression gegen und Abwertung von Schule und deren »Agenten« (das sind die Personen, die Hausaufgaben und Üben für die Schule durchsetzen wollen, also Sie). Die Wege der Anstrengungsvermeidung sind häufig vielfältig und kreativ, meist aber auch selbst so anstrengend, dass man es kaum fassen kann: Da sitzt man nicht selten drei Stunden mit seinem Kind an den Hausaufgaben und streitet für etwas, was es in 15 Minuten erledigen könnte. Oder es erfindet akute Erkrankungen, sodass es zum Arzt muss – für etwas, was es in einer knappen Stunde hätte erledigen können und was ja durch den Arzttermin auch nur aufgeschoben, nicht aber erledigt wurde. Und, und, und … Aber das Risiko, Fehler zu machen, und die fehlende innere Kraft, den eigenen Widerstand zu überwinden, und oft genug auch der mangelhafte Ausbau des präfrontalen Cortex und die viel zu geringe Vernetzung des Gehirns durch frühe Vernachlässigung lassen das Kind immer wieder vor die Wand fahren. Und auch wenn es zuverlässig erfährt, dass es sich dabei keinen Vorteil, sondern nur Nachteile einhandelt, wird es daraus nichts lernen. Denn die Leistungssituation ist eine Trigger-Situation, und Sie als Eltern bekommen es mit einem verzweifelten und wütenden Ego-State zu tun, auf den der vernünftige Alltags-State gar keinen Zugriff hat.

Fehlerfreundlichkeit lernen

Das ist etwas, was zuallererst Sie lernen müssen! Denn wir sind in Deutschland extrem fehlerfeindlich sozialisiert. Für uns gilt auf jeden Fall: »Jeder rote Strich macht im Herzen einen Stich.« Die vielen schönen deutschen Sprichworte, die dagegenhalten könnten, haben nicht so viel Einfluss auf unsere Mentalität bekommen – leider!

»Aus Fehlern wird man klug!« und »Es ist noch kein Meister vom Himmel gefallen!« – das sind Leitsätze, die tatsächlich für alle psychisch belasteten Kinder eine große Hilfe sein können.

Denken Sie sich zusammen mit Ihrem Kind Spiele aus, die nur mit Fehlern und Misserfolgen Spaß machen. Ganz simpel zum Beispiel: Jeder bekommt einen Würfel, und für jede kleinste Augenzahl bekommt man einen Gewinnpunkt. Dadurch, dass nur Glück entscheidet und indem die kleinste Zahl gewinnt, wird der Leistungsstress vermieden. Spaß macht das Ganze vor allem, wenn Sie recht theatralisch klagen und jammern über Ihre hohen Augenzahlen. Oder bauen Sie zusammen Türme, um sie mit Genuss und Spaß einstürzen zu lassen. Und erzählen Sie von Ihren Misserfolgen und Fehlern – aus Ihrer Kinderzeit und Gegenwart!

Wir glauben, dass unsere Angst vor Fehlern unser Ansporn sei, alles richtig zu machen. Aber meist bedeutet sie doch nur Hemmung und Verkrampfung. Und für das abgelehnte Kind bedeutet es die Angst, sich selbst als Fehler erleben zu müssen.

Anstrengungsbereitschaft aufbauen

Bei Kindern mit einfacher und zum Teil auch mit komplexer Traumafolge-Erkrankung sehe ich meistens große Fortschritte nach der psychotherapeutischen Trauma-Integration. Ihre Lebensgeister lösen sich aus der Erstarrung und regen sich wieder: Lebensfreude und -mut kommen wieder, die Kinder nehmen wieder Freundschaften auf und werden unternehmungslustig. Und in der Folge davon entsteht auch die Energie, sich – zumindest ab und zu – den nervigen und frustrierenden Anforderungen zu stellen. Wichtig zur Unterstützung ist aber, dass Sie als Eltern nicht den Leistungs- und Anforderungsdruck hochfahren, sondern mit der Energie Ihres Kindes gehen: »Was sind deine Stärken, was deine Interessen?«, »Wo kannst du echte Erfahrungen im Leben machen?« Echte Erfahrungen finden nicht im Schulbuch statt, sondern in Praktika, im Ehrenamt, im Verein, bei sinnvollen Jugendfreizeiten, bei Jobs etc. In der Realitätserfahrung bildet sich der Sinn fürs Leben und für die persönliche Zukunft. Und von dort aus entsteht eine natürliche Energie, sich für die eigenen Ziele anzustrengen.

Bei Kindern mit Komplexer Entwicklungsstörung nach Frühtraumatisierung (KEF) ist die Sache unendlich viel schwieriger und anspruchsvoller. Nicht umsonst sagt Bettina Bonus, dass das Anstrengungsverweigerungssyndrom das letzte Störungsbild sei, das bei diesen Kindern weggehe. Ich selbst sehe bei den KEF-Kindern nach jahrelanger kindgemäßer Psychotherapie, die bindungs-, trauma- und dissoziationspsychologische Methoden mit einbindet, in vielen, wenn nicht sogar in den meisten Fällen gute Verläufe.

Bettina Bonus hat ein ganz anderes Handlungskonzept erstellt, um Eltern zu befähigen, ihr KEF-Kind durch eine anspruchsvolle Schullaufbahn hindurch zu leiten. Sie können sich über diese extrem aufwendige Unterstützung, die das KEF-Kind zum primären Lebensprojekt der Eltern macht, am besten direkt bei Bettina Bonus kundig machen.

5 Fehlsteuerung von Gefühlen – Abläufe der aggressiven Dysregulation

Unverständliche und extreme Hass- oder gar Gewaltausbrüche stellen eine dramatische Belastung für die Eltern-Kind-Bindung und die ganze Familie dar. Deswegen wird dieser Problematik ein spezielles Kapitel gewidmet. Der Großteil der Gewaltausbrüche traumatisierter Kinder hat eine verborgene Vorgeschichte, die einerseits in seinem früheren Leben liegt, andererseits aber auch in der aktuellen Situation.

Ein Kind, das unter einer Traumafolgestörung nach Gewalterfahrung – egal ob sexueller Art oder nicht – leidet und das zum Beispiel durch eine laute harte Stimme, verärgerte Mimik, bestimmte Wörter – wie bei Manuela (S. 46) – oder Androhungen getriggert wird, erlebt plötzlich im Hier und Jetzt unverhältnismäßig große Hilflosigkeit und Gefühle des Ausgeliefertseins.

Ein Kind, das von Beginn an in seinen emotionalen kindlichen Bedürfnissen abgelehnt wurde, hat darüber hinaus mit dem Problem zu kämpfen, dass sein Nervensystem keine eigene Affektregulation ausbilden konnte. So wird es seinen überschießenden Affektentgleisungen bei den leisesten Anzeichen von Zurückweisung und Abwertung bis ins hohe Alter hinein ausgeliefert bleiben.

Noch schlimmer wird es bei Kindern, die zusätzlich am Beginn ihres Lebens vernachlässigt, vergiftet (durch Alkohol oder Drogen) und allein gelassen wurden, weil das Gehirn sich nicht genügend aufbauen und auch keine ausreichende Vernetzung der Hirnareale herstellen konnte und sich auch noch mit Nahtoderfahrungen auseinandersetzen musste.

Unter all diesen Voraussetzungen gilt: Menschen, insbesondere wenn sie einem nahestehen und unangenehme oder bedrohliche Signale aussenden, werden nicht unbedingt als die Personen wahrgenommen, die sie sind. Stattdessen werden sie zu Projektionsflächen, auf denen der alte traumabezogene Film abläuft. Gleichzeitig gibt es aber einen biologischen Kräftecheck, einen evolutionär uralten Abwägungsmechanismus, der Aspekte wie Körperumriss, -spannung, -geruch, Stimmklang, Mimik etc. des Gegenübers blitzartig scannt und abwägt. Dieser biologische Kräftecheck funktioniert immer, und zwar unbewusst, also auch in einer Situation erlebter Hilflosigkeit, weil er evolutionär älter als die Produktion von Affekten ist. Wenn dieser Bewertungsmechanismus ergibt: Dieses Gegenüber ist nicht aggressionsfähig oder nicht aggressionsbereit oder schwächer als ich, dann wird eine extrem aggressive Gegenreaktion erfolgen, die im Weiteren unser Thema sein wird. Ergibt der **biologische Kräftecheck** aber ein aggressionsfähiges und -bereites Gegenüber, setzen die anderen Stressreaktionen von Flucht, Erstarrung, Täuschung oder Unterwerfung ein. Diese sollten nicht mit einer gesunden Anpassung und Einordnung in das System von Familie, Schule o.ä. verwechselt werden!

Praktisch kann das dann heißen: Der Mama gegenüber kommt es zu hoch aggressiven Reaktionen, d.h., das traumatisierte Kind dysreguliert massiv, dem Papa gegenüber verhält es sich brav, anscheinend einsichtig.

Wenn aber die Mutter die schädigenden Wirkungen gesetzt hat, zum Beispiel eine Mutter mit Borderlinestörung, dann wird das Kind der Mutter gegenüber »brav« und bemüht sein, ihr keinerlei Anlässe für Kontaktabbruch, Gewaltausbrüche oder Kontaktüberflutung bieten. In einer solchen Familie wird eher der leibliche Vater als schwach erlebt und Zielscheibe von Aggressionen werden, da er als erfolglos in seinen Bemühungen erscheint, die Mutter zu regulieren und ihre Defizite auszugleichen.

Ein weiteres – leider sehr tragisches – Beispiel für unerkannte Unterwerfungsreaktionen sind familiengerichtlich angeordnete Umgänge mit einem getrennt lebenden Elternteil, der das Kind misshandelt oder gar missbraucht hatte. Hier erleben wir häufig ein krasses Umkippen der Befindlichkeit des Kindes von einer Stressbelastung im Vorfeld des

Umganges in eine heitere oder gar überschwängliche Stimmung während des Kontaktes. Noch gravierender fällt dann aber das anschließende Umkippen in massive Stresszustände aus, welche dann die folgenden Nächte und Tage vergiften, in denen neben schweren Albträumen, Trancezuständen und Panikattacken selbst- und fremdschädigende Verhaltensdysregulationen auftauchen. Tragisch ist dies nicht nur wegen dieser unerträglichen Nächte und Tage, sondern vor allem, weil alle, die den Umgangskontakt selbst beobachtet haben, der festen Meinung sind, dass hier eine wichtige und erhaltenswerte Bindung vorliegt und den Täuschungsmechanismus nicht erkennen, der sich **als Selbstschutz** instinktiv eingeklinkt hat.

Diese praktischen Beschreibungen sind lediglich als Beispiele aufzufassen, die die ganze Vielfalt an Machtverteilungen in leiblichen und aufnehmenden Familien natürlich nicht abdecken können.

Jetzt aber zurück zur aggressiven Dysregulation. Hier ist es nämlich meist so, dass ein Trigger zuerst einen inneren Absturz auslöst, bei dem zum Beispiel der Atem stockt, der Herzschlag kurz aussetzt, Starre, Kälte, Dunkelheit, absolute Hilflosigkeit körperlich erlebt werden können und Gefühle von Schuld, Scham, Ungeliebtsein, Einsamkeit, Verlassenheit auftauchen und in dem beispielsweise Selbstkonzepte auftauchen wie »immer bin ich schuld!«, »niemand liebt mich!«, »ich bin ganz allein!«, »ich werde das nicht überleben!«

Unabhängig davon setzt der Kräftecheck ein und entscheidet über die Art der Projektion auf das Gegenüber: Das Gegenüber wird in unserem Fall als schwaches Opfer eingestuft. Damit holt das vegetative Nervensystem des Kindes zu einem massiven Gegenschlag aus: Es setzt eine Kampfreaktion in Gang nach dem Motto: »Von der/dem lass ich mir doch gar nichts gefallen!« Das Kind wird also frech und unverschämt Ihnen gegenüber. Wenn Sie nun wieder – ganz normal und verständlich – schimpfen und wütend werden, setzen Sie ungewollt den nächsten Trigger. Das Kind dreht noch höher, verliert völlig den Kontakt zur Realität und projiziert in Sie hinein: »Egal, wie lieb die sich stellen und egal, wie sehr die sich beherrschen, in Wirklichkeit sind das Böse. Ich werde ihnen schon noch die Maske herunterreißen! Ich werde es ihnen zeigen!« Und ab diesem Augenblick befinden Sie sich mitten im Kriegsgebiet.

Im Folgenden werde ich Ihnen eine typische Verhaltensdysregulation schildern und danach in ihre Bestandteile aufgliedern, um schließlich Überlegungen und Erfahrungen zu vermitteln, wie man damit umgehen könnte, sowohl vorbeugend als auch im akuten Fall.

Die Gefühls- und Erregungskurve / Erstes Diagramm

Paul kommt aus der Schule und feuert seine Schultasche gegen die Tür (Zeitpunkt 1 = Z 1). Die Mutter ist erschrocken und schimpft: »Lässt du das wohl bleiben! Räum die Schultasche gefälligst ordentlich auf!« Paul tritt jetzt auch noch gegen die Schultasche, sodass die Hefte und Bücher herausfliegen. Jetzt ist die Mutter empört und schreit: »Ja, spinnst du denn? Willst du denn alles bei uns kaputt machen?« Danach geht Paul auf die Mutter los, boxt und tritt sie, und als sie ihn festhalten will und mit ihm kämpft, verletzt er sie, und es gehen Sachen zu Bruch (Z 4). Er rennt weg und schreit dabei: »Ich hasse dich, du Fotze! Ich mach dich noch tot!« (Z 5) Er donnert die Tür hinter sich zu, dass sie fast aus den Angeln bricht, und rennt aus dem Haus. Nach einer Stunde kehrt er heim, geht in sein Zimmer und bleibt dort, bis er abends von seinem Vater aufgesucht wird, der alles von der Mutter erzählt bekommen hat. Paul ist ganz friedlich (Z 6) und lieb, antwortet aber auf seine Fragen: »Warum hast du das nur gemacht, Paul?!« »Du hast die Mami verletzt, weißt du das?!« nur mit einem »Ich weiß nicht.« Paul vermittelt nicht den Eindruck, als ob er wirklich wüsste, wovon der Vater spricht. Vielleicht äußert er: »Die Mama hat mich ja auch provoziert!«, was aus seiner Perspektive heraus ja auch tatsächlich stimmt. Es kann aber auch sein, dass er wie ein kleines Kind anlehnungsbedürftig ist. Oder vielleicht hat er ein sehr ungutes Gefühl, dass ihm da mal wieder was ganz Schlimmes passiert ist, und er entschuldigt sich, versichert, dass er das nie wieder tun wird. Bloß dass dieser gute Wille leider keinerlei Auswirkungen haben wird.

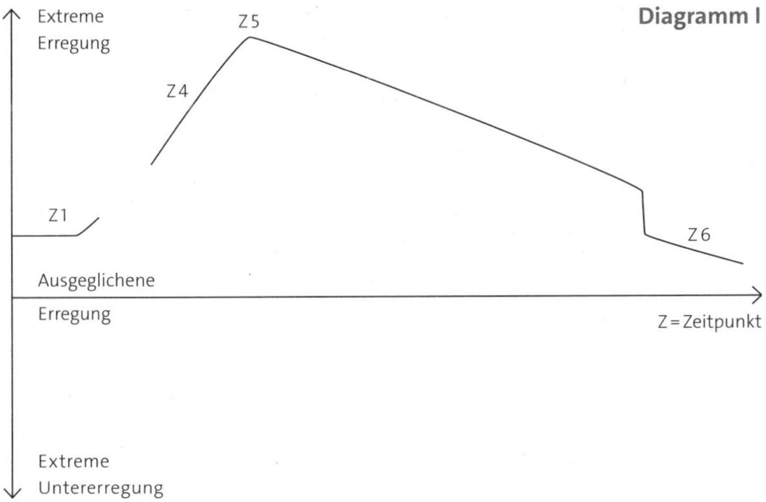

Diagramm II

Dieses Drama hat in den meisten Fällen eine verborgene Vorgeschichte: Paul kam vermutlich schon angespannt aus der Schule. Da er aber nicht die Möglichkeit hat, verbal seinen Stress zu kommunizieren, kommuniziert er ihn körpersprachlich (Z 1). Die Mutter reagiert, wie vermutlich jede Mutter reagieren würde: verärgert (T – wie »Trigger«). Durch ihren Stimmklang, Mimik und Körperspannung wird nun Paul getriggert und erlebt zunächst die traumabezogenen Affekte von Hilflosigkeit, Missachtetwerden und Ausgeliefertheit (Z 2). Dieser Zustand ist oft mit einem Herzstolpern oder -stocken, Atemstocken und einem körperlich erlebten emotionalen Absturz in ein tiefes Loch gekoppelt – ausgelöst durch eine massive parasympathische Aktivierung im vegetativen Nervensystem. Sein Ego-State hat gewechselt, und er ist jetzt für einen kurzen Moment das tief verletzte Kind in seiner traumatischen Opfererfahrung.

Gleichzeitig setzt der biologische Kräftecheck ein und klärt: »Diese Frau ist nicht wirklich gewaltbereit und nicht mächtiger als ich.« (Zeitpunkt 3) Dadurch wird eine massive Gegenreaktion im vegetativen

Nervensystem ausgelöst: Der Sympathikus wird blitzartig hochaktiviert und gibt dem Körper einen mächtigen Schub in Richtung Aggression, der den emotionalen Zustand der Verzweiflung und Ausgeliefertheit sofort beendet. Das erneute Schimpfen der Mutter (T) wird in diesem Zustand nur noch als dreiste Provokation wahrgenommen, die den endgültigen Krieg in Gang setzt (Z 3). Spätestens ab dieser Phase ist das Kind nicht mehr erreichbar oder steuerbar. Es vollzieht sich ein Ego-State-Wechsel hin zum Krieger-Paul. Im Empfinden dieses Anteils geht es um Sieg oder Unterwerfung, womöglich sogar um Leben oder Tod.

Diagramm II

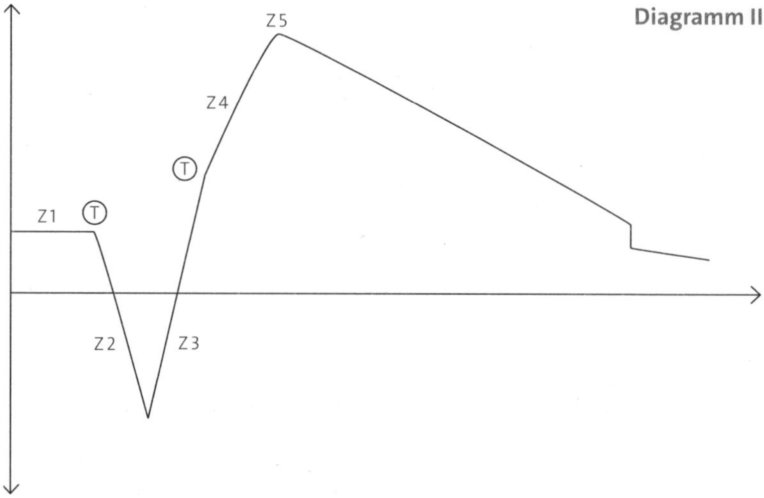

Erst durch die Trennung beruhigt er sich allmählich (Z 5) und kehrt dabei irgendwann in einen anderen ruhigen Ego-State zurück. Als der Vater schließlich zu ihm kommt, findet er nicht mehr den Krieger-Paul, sondern den Kleinkind-Paul oder den Alltags-Paul vor. Gemeinsam ist diesen beiden Ego-States, dass sie sich kaum oder sogar gar nicht an den Zeitpunkt 4 erinnern. Aus diesem Grunde bringen die »Warum hast du ...?«-Fragen und die Entschuldigungen und Versicherungen leider gar nichts. Der Versuch, Paul zu schildern, was er Schlimmes angestellt hat – es ihm gewissermaßen nachzuweisen –, würde leider auch in einem Desaster enden, weil er sich ganz entschieden dagegen wehren würde, das zu hören, oder wiederum dysregulieren wird.

Vorbeugung bei aggressiven Dysregulationen / Diagramm III

Vorbeugung kann nur durch die Bezugspersonen geleistet werden!

- Man muss zuerst die verdeckte Dynamik verstehen lernen.
- Das erste Ziel ist immer, dass Sie dem Kind bei seinem Affektmanagement helfen.
- Man muss auf die Auslösesituationen vorbereitet sein, d.h. typische Auslösesituationen als auch Wege der Beruhigung für das Kind sammeln.
- Man muss sich selbst beruhigen lernen! Nur durch die Ruhe des Erwachsenen kann das erregte Kind sich beruhigen!

››Fallbeispiel Paul: *Er kommt aus der Schule und schmeißt seine Schultasche gegen die Tür (Z 1). Die Mutter spürt Ärger und Anspannung in sich hochkochen und beruhigt sich selbst (A / Mutter – Affektmanagement der Mutter für sich selbst, z. B. mittels Atemtrick). Dann: »Boah, du kommst ja ganz schön geladen aus der Schule! Magst du erzählen, was passiert ist?!« (A / Kind – Affektmanagement für das Kind) Paul entspannt sich, nähert sich der Mutter an und beginnt: »Das Arschloch von Kevin hat mich ›Motherfucker‹ und ›Arschficker‹ gerufen! Vor allen anderen!« – »Puh, das sind ganz heftige Beleidigungen. Da wäre ich auch entsetzt, wenn mir jemand so was sagen würde! Das fühlt sich echt nicht gut an!« (A / Kind) Paul entspannt sich noch mehr, grinst und sagt: »Du, Mama, ich hab dem so eine reingedonnert! Das macht der nicht noch mal!« – »Okay, du hast ihm eine reingedonnert, und das hat sich im ersten Moment bestimmt ganz gut angefühlt, oder?« (A / Kind) »Ja, super!«, freut sich Paul. Aber dann taucht wieder der Ärger auf: »Aber die Scheißlehrerin hat mir 'nen Haufen Strafarbeiten aufgegeben! Dabei hat doch der Blödmann angefangen!« – »Und jetzt fühlst du dich ungerecht behandelt?« (A / Kind) fragt die Mutter …*

Diagramm III

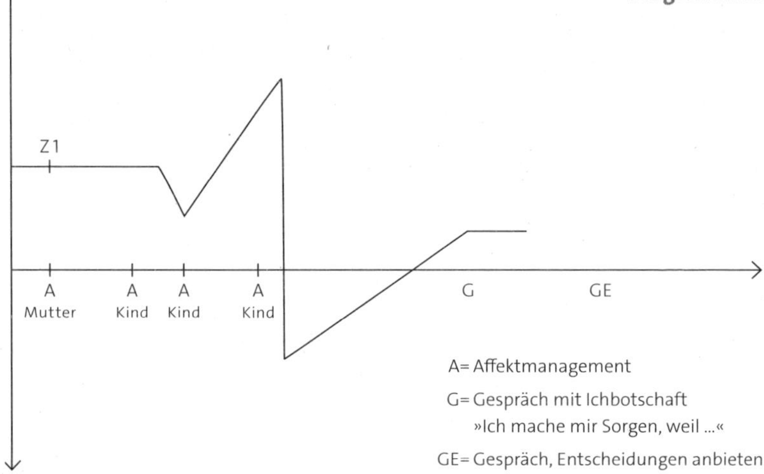

Dieses Gesprächsbeispiel ist reines Affektmanagement, d.h. die Mutter formuliert Gefühle und Anspannungen, die sie bei ihrem Sohn erlebt oder vermutet (»Boah, du bist geladen!«; »das hat sich gut angefühlt?«, »ungerecht behandelt gefühlt«?) und die sie bei sich selbst erlebt, wenn sie sich in seine Lage hineinversetzt (»Da wäre ich auch entsetzt.« »Das fühlt sich echt nicht gut an!«). Dadurch vermittelt sie ihm zwei entscheidende Erfahrungen: Mit ihrer Hilfe kann er seine Kränkung kommunizieren, und sie lässt ihn damit nicht allein: Dadurch kann er das Opfergefühl erst ein Stück weit zulassen und sich dann auch trösten lassen.

Unabhängig davon, ob Sie das Verhalten Ihres Kindes (dem Kevin eine reinhauen) akzeptieren oder ablehnen, der Schritt des Affektmanagements muss zuerst erfolgen, weil die Übererregung Ihr Kind sonst in einen Ego-State-Wechsel hineintreibt, der den Verlauf der Auseinandersetzung ziemlich unbeherrschbar macht. Erst wenn das Kind sich verstanden und angenommen fühlt, können Sie mit ihm über Ihre Bewertung seines Verhaltens reden. Stellen Sie aber dabei sicher, dass es das nicht persönlich, also auf seine Person, bezieht, sondern auf sein Verhalten. Das ist für diese Kinder extrem schwer auseinanderzuhalten!

»Fortsetzung Paul: *Nachdem die Mutter spürt, dass sich Paul entspannt hat, sagt sie: »Du, Paul, du weißt doch, dass ich dich sehr lieb habe, oder?« (A / Kind) und setzt nach der Rückversicherung fort: »Deswegen möchte ich auch, dass du das jetzt nicht persönlich nimmst. Aber ich mache mir Sorgen, wenn du dem Kevin eine reinhaust (Gib – Gespräch beginnt mit Ich-Botschaft). Obwohl ich deine Gefühle echt verstehen kann. Der Kevin wollte dich triezen und hat es auch voll geschafft, dass du ausgerastet bist. Es ist aber wichtig, dass du dich nicht von ihm so wütend machen lässt, weil du dann nur große Probleme bekommst. Was meinst du?« – »Oh Mama, das schaff ich nie! Ich muss dann ausrasten!« – »Okay, Paul, dann würde ich gerne mit dir und Papa zusammen ein paar Tricks ausprobieren, wie man sich gegen Provokationen schützen und abschotten kann. Wie man selbst die Kontrolle behalten kann. Was hältst du davon?« (G & E – das Gespräch bietet dem Kind konkrete Handlungsmöglichkeiten und Entscheidungsalternativen an.) »Möchtest du erst einmal ein bisschen essen und trinken, bevor du mit Hausaufgaben beginnst, oder willst du gleich anfangen?«*

Den kleinen Familienworkshop sollten Sie mittels Rollenspielen mit Handpuppen oder Kuscheltieren durchführen, und der kann dann auch richtig Spaß machen. Wichtig ist, dass bei der Schulhofbegebenheit zwischen Paul und Kevin jeder mal jede Rolle ausfüllt und Sie als Erwachsene erzählen, was Sie dabei für Gefühle erlebt haben und welche Situationen aus Ihrer eigenen Erfahrung Ihnen dazu einfallen. Und dass Sie Ihre eigenen Tricks im Spiel ausprobieren, wie Sie sich gegen dummes Zeug wappnen. Im Anhang finden Sie für diese Thematik auch das Spiel mit der »heißen Kartoffel«.

Notfall-Intervention / Diagramm IV

Trotz Wissen und Vorbereitung wird es Ihnen immer wieder passieren, dass Sie spontan reagieren, so wie alle Eltern und Menschen eben auch. Damit gießen Sie ungewollt Öl ins Feuer. Eventuell ist Ihr Kind durch die aktuellen Ereignisse auch zu stark getriggert. Wenn es erst im Krieger-State ist, ist es mental nicht mehr erreichbar.

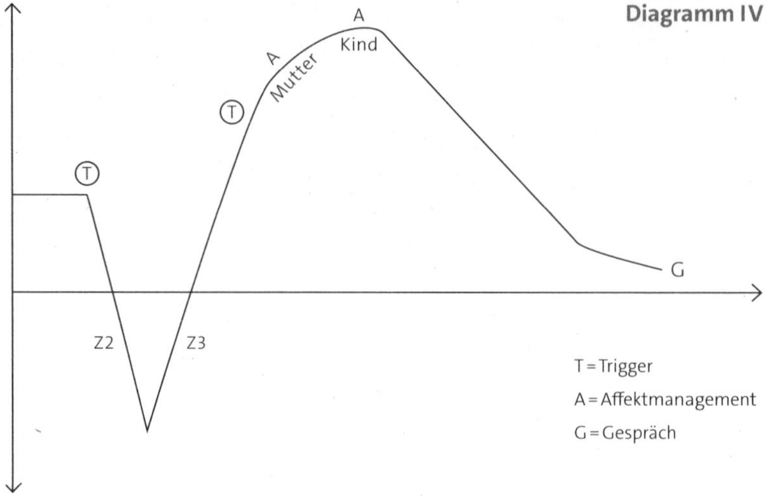

In der Eskalation zwischen Phasen 3 und 5 :

- Keine Klärungen und Einsicht zu erlangen suchen, solange bei Ihnen und dem Kind Erregung vorhanden ist. Brechen Sie von sich aus den Machtkampf ab!
- Sagen Sie höchstens in möglichst ruhigem Ton: »Du weißt, dass das nicht in Ordnung ist. Wir reden später darüber.«
- **Ich-Botschaft: »Im Moment bin ich aber unter Druck / auf hundertachtzig / gestresst, und das hilft uns nicht weiter. Ich brauche kurz eine Pause, um mich wieder zu beruhigen.«**
- Sich selbst aus dem Machtkampf und der Täter-Opfer-Dynamik herausziehen, zum Beispiel durch Atempause am offenen Fenster und Selbstberuhigung: diese besonderen Fähigkeiten müssen zuvor eingeübt worden sein!

In der Gewalteskalation in Z4:

- Alles, was eskalierend wirkt, abbrechen: meist ist Augenkontakt, auf das Kind Einreden und es Anfassen negativ. Es gibt aber auch Kinder, die gerade dann in den Arm genommen werden müssen, um sich beruhigen zu können. Was die Betroffenen weiter erregt und was sie beruhigen kann, müssen Sie in Ihrer Familie (evtl. mit weiteren Vertrauenspersonen oder in Fallkonferenzen) zusammentragen. In ruhigen Momenten sollte man auch mit dem Kind besprechen, welche Verhaltensweisen der Erwachsenen es aufregen und welche Hilfen es dann braucht, um sich noch rechtzeitig vor dem Gewaltausbruch beruhigen zu können.

- Sich auf Schadensbegrenzung beschränken, wenn Gewalt gegen Sie, andere oder Gegenstände eskaliert. Kind wenn möglich festhalten, um es und alle anderen davor zu schützen, dass es noch mehr Unheil anstellt – nicht aus Zorn und Rachebedürfnis!
- Falls das tobende Kind zu stark fürs Festhalten ist: andere Kinder und Personen, Gegenstände und sich selbst in Sicherheit bringen. Zur Not sich einsperren.
- Externe Personen für Unterstützung gewinnen: Wenn Personen ins Haus kommen, denen Sie vertrauen, kehrt ein Kind oder Jugendlicher leichter wieder in den Alltags-State zurück.

Wenn keine physische Gefahr vom Kind ausgeht:

- Das einzige Ziel ist zunächst, dass sich das Kind beruhigt. Dafür müssen zuvor auf das individuelle Kind abgestimmte Maßnahmen erdacht worden sein. Bei älteren Kindern ist es sehr oft das Beste, sich räumlich zu trennen. Jüngere Kinder reagieren oft mit heftiger Verlustangst auf räumliche Trennung. Wenden Sie den Blick vom Kind ab, wiederholen Sie die Ich-Aussage (s.o.), öffnen Sie das Fenster und nehmen Sie sich dort Ihre eigene Auszeit.

Für jüngere Kinder kann es auch sehr hilfreich sein, wenn sie sich in diesem Moment in ihren »Sicheren Ort« zurückziehen können, vielleicht unter eine Eckbank oder hinter ein Sofa, wo Sie vielleicht schon zuvor eine Decke, Kissen oder Kuscheltier zusammen mit dem Kind postiert haben.

- Solange irgendeine Seite noch erregt ist, wird kein Gespräch geführt. Erst wenn alle beruhigt sind – und wenn das Tage später ist –, wird gesprochen.

Dieses Gespräch folgt besonderen Regeln und darf nie »aus dem Bauch heraus« erfolgen.

- Erste Frage: »Weißt du eigentlich noch, am Montag nach der Schule, als es mit uns beiden so schlimm gelaufen ist? Ich glaube, du hattest schon vorher einen ordentlichen Stress, oder? Magst du mal erzählen, was da war?« Es kann sein, dass sich Paul ganz gut erinnert und erzählt. Mutter reagiert darauf: »Da hast du die ganze Wut und Enttäuschung mit nach Hause gebracht. Ich hab das damals gar nicht verstanden. Obwohl dein Körper ja gezeigt hat, unter welchem Druck du stehst, denn du hast ja gegen die Tür getreten und die Schultasche gegen die Tür geschmissen.«
- Zweite Frage: »Weißt du noch, was ich dann gemacht habe?« Antwort abwarten und eventuell selbst beantworten: »Ich hab geschimpft. Weißt du vielleicht noch, wie mein Gesicht dabei ausgeguckt und meine Stimme geklungen hat?« In diesem Moment werden die Trigger geklärt, was ein ganz wichtiger Schritt ist.
- »Als ich so böse geguckt / gesprochen habe – was ist denn da innen drin in dir passiert?« Überprüfen Sie, ob es vor dem Wutausbruch bei dem Kind zu einem inneren Absturz in Einsamkeit und Kummer gekommen ist. »Hast du dich da von mir missachtet / weggestoßen / ungeliebt gefühlt?«
- Wenn das Kind bejaht – wenn auch zögerlich oder zurückhaltend –, erklären Sie ihm, dass die Wut das Kind aus dem tiefen Loch herausgerissen hat, also ihm in der schlimmen Situation irgendwie geholfen hat. »Ich stell mir vor, dass es ein schlimmes Gefühl ist, wenn man sich so missachtet / weggestoßen / ungeliebt fühlt. Die Wut hat dich vielleicht aus diesem tiefen Loch wieder nach oben gerissen und gerettet?«
- Gleichzeitig schafft so ein Wutausbruch aber auch viele Probleme neu, sodass es wichtig ist, die Ursachen zu mildern, vor allem den inneren Absturz, evtl. auch ungünstiges Erzieherverhalten:
  Gemeinsam überlegen, wie es anders gehen könnte, damit das Kind nicht den Absturz erleben muss und die Bezugsperson trotzdem tun

und vermitteln kann, was notwendig ist. Was könnte helfen, Trost und Halt geben, wenn es mal geschimpft werden muss oder nicht sofort beachtet werden kann? Was könnte Paul vielleicht machen, um anders zu zeigen, dass er unter Stress steht? Vielleicht eine bestimmte Geste zeigen oder ein bestimmtes »Alarmwort« rufen? Und welche Formulierungen können besser angenommen werden, wenn bisher ungewollt »Trigger-Wörter« verwendet worden sind.

- Wiedergutmachung gemeinsam überlegen. Stärken des Kindes dafür zur Geltung bringen. Wiedergutmachung ist immer unverzichtbar, wenn andere Kinder betroffen waren, kann aber auch Tage später realisiert werden. Kinder haben oft tolle Einfälle, wie sie ohne Worte zeigen können, dass es ihnen leidtut.
- Der Gruppe / der Familie mitteilen, was und wann das Kind seinen Ausraster wiedergutmachen wird. Es ist kein Problem, wenn die Eltern für das Kind erklären, warum der Paul jetzt Lisas Küchendienst übernimmt oder die Lisa zum Abendessen so eine tolle Brotzeitplatte für alle kreiert hat.

Durch dieses Vorgehen lernt man den gewalttätigen Jugendlichen oder das aggressive Kind neu kennen. Ihre Schwäche und Hilflosigkeit im Ego-State des verletzten Kindes der Trauma-Situation wird offenbar. Dementsprechend sorgfältig und achtsam muss dieser Prozess geführt werden.

Psychotherapie

Wenn Ihr Kind schon in Psychotherapie ist, sollten Sie der / dem Kollegen / in diese Sichtweise zugänglich machen, denn die ist keineswegs verbreitet. Bitten Sie sie um Unterstützung, sodass ein solches Gespräch zum Beispiel in der Therapiestunde gemeinsam geführt werden kann. Für Psychotherapeuten ist es eine große Chance, die verschiedenen Ego-State-Wechsel genau kennenzulernen, was während einer klassischen Einzeltherapie ja fast nie passiert, weil wir sehr stark auf die Kinder eingehen. Die / der Psychotherapeut / in kann Ihnen helfen, die verschiedenen Ego-States genau kennenzulernen und alle wertzuschätzen – auch und gerade die aggressiven, die ja so gefährlich und mächtig geworden sind, um eine lebensbedrohliche Zeit im früheren Leben des Kindes zu überleben. Erst nach dem Kennenlernen und Wertschätzen können sie zu einem Bestandteil der Gesamtpersönlichkeit werden, den das Kind dann auch allmählich kontrollieren kann.

Antonia Beer: »Oh nein!«, 2014
www.antoniabeer.net

6 Welche Behandlungserfolge sind möglich?

Was der Schweregrad von Trauma-Erfahrungen über Trauma-Folgeerkrankungen und Behandlungen aussagt

Sie haben jetzt viel über Projektion, Dissoziation, Ego-State-Wechsel und aggressive Dysregulationen erfahren. Kommen diese Dinge nun in allen Fällen von Traumafolge-Erkrankungen vor, und wenn ja, wie stark jeweils?

Einfache Traumafolgestörungen

Bei den einfachen Traumafolgestörungen wie der einfachen PTBS tauchen diese psychischen Phänomene auf, aber jeweils in kurzen Momenten, in geringerer Heftigkeit und anschließend mit klarer Reorientierung der Persönlichkeit. Wir reden hier von Kindern, die nicht in ihren frühesten Kindheitsjahren – also etwa bis zum vierten Geburtstag – schweren Belastungen ausgesetzt waren, bei denen die traumatischen Ereignisse sich nicht über einen längeren Zeitraum wiederholten oder andere Trauma-Ereignisse hinzukamen. Und bei denen die Trauma-Verursachung nicht bei den Hauptbezugspersonen lag.

Kinder mit einfachen Traumafolgestörungen leiden deswegen nicht weniger! Gerade weil ihre Psyche den Schock, die seelische Qual, den dramatischen Verlust nicht so stark aus dem Bewusstsein abspalten muss, können die Angst, die Schreckhaftigkeit, das Unglück und Leid, die Aggression, die Hyperaktivität, Albträume, Flashbacks usw. ganz erheblich sein. Das Vermeidungsverhalten dehnt sich dann auch in immer mehr Lebensbereiche aus. All diese Symptome sind fast immer klar auf das Trauma-Ereignis zurückzuführen, d.h., man kann das kindliche Verhalten auch nachvollziehen, obwohl es dysfunktional ist. Der Hauptunterschied ist aber, dass man diesen Kindern am leichtesten helfen kann. Viele von ihnen finden mit ihren Eltern zusammen Wege, um das Schreckliche zu verarbeiten, sodass sie uns Therapeuten gar nicht so oft vorgestellt werden. Oder wir sehen sie nur für wenige Stunden, um die nötigen psychotraumatologischen Informationen zu geben, eine Stabilisierung des Sicherheitsgefühles im Kind herbeizuführen und anschließend eine Trauma-Konfrontationsbehandlung durchzuführen. Unter den beschriebenen Voraussetzungen haben wir damit sehr gute Erfolge.

Warum ist das so?

Durch den zuverlässigen und einfühlsamen Umgang mit dem Kind in seinen ersten Lebensjahren haben sich drei entscheidende Dinge aufgebaut:

- Ein stabiles und gut entwickeltes zentrales und peripheres Nervensystem, sodass dem Kind unter vielem anderen eine gute Fähigkeit mitgegeben worden ist, Affekte selbst zu regulieren.
- Eine stabile Bindung und Urvertrauen, an das es nach der traumatischen Erfahrung leichter wieder anknüpfen und dadurch auch wieder Vertrauen in die Welt aufbauen kann. Diese Kinder können sich eher einer Bezugsperson anvertrauen, auch wenn seine Trauma-Erfahrung im Tabubereich liegt.
- Die hier beschriebenen Familien und Kinder haben meist ein gutes soziales Netzwerk, sodass Menschen auch außerhalb der Familie aufschrecken und versuchen werden zu helfen.

Das heißt: Wenn Sie – zum Beispiel als Vater – eine Täterprojektion durch Ihr Kind abbekommen, wird diese auch schnell wieder verschwinden, und es wird Sie zwar erschrecken, aber nicht in Ihren Grundfesten erschüttern. Normalerweise gehen die Projektionen eher auf weniger vertraute Menschen oder Situationen wie z. B. Männer mit Bart in der U-Bahn, wenn der Täter einen Bart trug, oder gutmütige Hunde werden als aggressiv wahrgenommen oder dunkle Ecken als bedrohlich.

Dissoziationen finden statt, aber sie beschränken sich auf den

Hauptaffekt und die hauptsächlich betroffenen Körperstellen während des Trauma-Ereignisses. D.h. zum Beispiel, dass ein sexuell missbrauchtes Kind weiterhin eine sehr gute Körperwahrnehmung haben kann, nur da, wo es vom Täter berührt worden ist, erlebt es Taubheit oder gar ein Nichtwahrnehmen.

Komplexe PTBS

Deutlich schwieriger ist es bei der Komplexen Posttraumatischen Belastungsstörung. Hier finden wir in den meisten Fällen schon frühkindliche Schädigungen im Bindungsaufbau und der Entwicklung des Nervensystems. Beispiele dafür sind eine erhebliche Frühgeburt mit Intensivmedizin und Trennung von der Mutter, postpartale Depression der Mutter oder dauernde emotionale Dissonanzen in der Elternbeziehung, eine extreme Inanspruchnahme der Hauptbezugspersonen durch andere Aufgaben (z.B. ein behindertes Geschwisterkind), aber vor allem durch Gefühle wie traumatische unverarbeitete Verlusterlebnisse oder Angst vor dem Partner bei einem der Elternteile. Auch Drogen- und Alkoholmissbrauch in der Familie sind häufige Umstände.

Unter solchen Voraussetzungen bauen sich weniger Bindungssicherheit und Urvertrauen auf, und die Voraussetzungen, dass das Kind eine eigene Affektregulation aufbauen kann, sind schlechter.

Auch wenn die traumatischen Ereignisse erst in der mittleren Kindheit auftreten, treffen sie jetzt auf eine labilere nervliche Ausstattung des Kindes, das zudem weniger Urvertrauen hat. Nicht selten treffen sie auch auf ein labileres Familiensystem, das weniger die Not des Kindes wahrnehmen und beseitigen kann, weil es mit seinen eigenen Nöten schon genug zu tun hat. Und gerade deswegen will sogar schon ein ganz junges Kind seine Bezugsperson schonen und schützen, sodass es auch noch zu einer Rollenumkehr und Übernahme der emotionalen Verantwortung durch das kleine Kind kommen kann.

In dieser Situation kann Dissoziation einen großen Raum einnehmen, weil sie sowohl ein starker Schutz vor exzessiver Übererregung während der traumatischen Ereignisse als auch ein wichtiger Ersatz für die mangelnde Affektregulation im weiteren Verlauf darstellt. Auch Projektionen auf Sie als Eltern und aggressive Dysregulationen können jetzt häufig auftreten und damit das Leben in der Familie immer mehr unter Druck bringen. Ein typisches Phänomen ist dann zum Beispiel, dass die Mutter etwas Unangenehmes verlangt, der instinktive Kräftecheck aber ergibt, dass sie nicht aggressionsbereit ist, und somit bekommt sie eine Opfer-Projektion ab: Das Kind wechselt in einen Täter-Ego-State, dysreguliert aggressiv gegenüber der Mutter. Später, wenn es sich beruhigt hat, weiß es nicht wirklich, was passiert ist, und fühlt sich auch nicht wirklich verantwortlich, weil es ja wieder in einen ganz anderen, scheinbar normalen oder kleinkindlichen State gewechselt ist.

Hier haben sich die Ego-States so stark voneinander dissoziiert, dass man ohne trauma-, bindungs- und möglichst auch dissoziationspsychologische Kinderpsychotherapie dem Kind nur eingeschränkt helfen kann.

Komplexe Entwicklungsstörung nach Frühtrauma

Ein Kind von suchtkranken oder psychisch kranken Eltern, insbesondere mit Persönlichkeitsstörungen, ist einem hohen Risiko ausgesetzt: Möglicherweise wurde es durch seine Hauptbezugspersonen vernachlässigt, abgelehnt, unterversorgt, allein gelassen oder ungeeigneten Personen überlassen und von Anfang an, d.h. bereits im Mutterleib, gehasst und misshandelt – ob aus Überforderung oder aus enthemmter Grausamkeit. Bei solchen Ereignissen tritt bei einem sehr jungen Kind ein Empfinden von »das überlebe ich nicht« auf, ein Nahtoderlebnis mit deutlichem Absenken des Herzschlages, der Atmung und der Muskelspannung, auch wenn es für das Baby noch nicht medizinisch lebensbedrohlich ist. In der Folge, wenn das Kind nicht rechtzeitig – und damit meine ich in den ersten sechs Lebensmonaten – herausgeholt wird, haben wir allgemein eine schlechte Hirnausreifung und speziell keine Affektregulationsmöglichkeit außer Dissoziation, körperliche Selbstberuhigungsmethoden wie Schaukeln, Sich-hin-und-her-Werfen, Kopf-Anschlagen, Selbstverletzungen und genitale Eigenstimulation, Hyperaktivität, Selbstgefährdungen und – ab der Jugend – Alkohol, Drogen, exzessive Grenzerfahrungen. Diese Kinder werden meist früher oder später aus ihrer Familie genommen und »fremdplaziert«. Dort gibt es dann typischerweise eine längere Phase extremer Anpassung und Unauffälligkeit, die aber nach einigen Monaten endet. Dann bricht das eigentliche Störungspotential hervor. Bei diesen Kindern gibt es zwar immer noch Zustände, in denen sie gut angepasst oder normal wirken, vor allem außerhalb ihrer neuen Familie – aber es fehlen die typisch kindlichen Eigenschaften von Lebendigkeit, mimischer und affektiver Mitschwingungsfähigkeit, Neugier, Mutwillen und Trotz, Traurigkeit und Angst, Spontanität, Einfallsreichtum, Stolz auf den eigenen Körper, Gefühlsüberschwang etc. Es sind die »anscheinend normalen« Persönlichkeitsanteile, die oft sogar übermäßig angepasst sind. Ansonsten, und vor allem innerhalb der neuen Familie, wird das Kind extrem leicht getriggert und fällt dann in die abgespaltenen Ego-States, in denen traumaverursachte und dissoziierte Affekte gespeichert sind: entsetzliche Einsamkeitsgefühle und Verlassenheitsängste, Sterbens- und Todesgefühle und -ängste, Wertlosigkeitsgefühle. Es folgen Ego-State-Wechsel, die diesen bedrohlichen Zustand beenden, entweder in den Täter-State oder in den Unterwerfungs-State (je nach Ergebnis des Kräftechecks). Nach Beruhigung wieder Wechsel, z.B. in einen »anscheinend normalen« Persönlichkeitsanteil oder in einen »Kleinkind-State« – und dann kann das Ganze bald wieder von vorne losgehen.

Eine andere Variante ist eine fast permanente Unterspannung und Trance, durch die man nur selten hindurchdringen kann. Diese Kinder haben nach meiner Erfahrung immer eine sehr schlechte Körperwahrnehmung und -empfindung.

Viele von diesen Kindern sind in ihrer Auffassungsfähigkeit beeinträchtigt, manche von ihnen durch Teilleistungsstörungen. Aber lang anhaltende frühe Vernachlässigung führt auch oft zu einer allgemeinen geistigen Beeinträchtigung. Außerdem kommen Auswirkungen von Nervengiften wie Alkohol und Drogen in der Schwangerschaft dazu. Andere betroffene Kinder sind aber auch wirklich intelligent – trotzdem können sie fast nie über ihre kognitiven Fähigkeiten frei verfügen. Denn allen gemein sind die Frustrationsintoleranz und die Anstrengungsverweigerung.

Diese Kinder brauchen unbedingt eine umfassende Förderung und Behandlung, je früher, desto besser! Sie brauchen sowohl ständige sensorische und psychomotorische Anregung und Förderung, um die Gehirnentwicklung und sensomotorische Integration nachträglich zu unterstützen. Sie brauchen aber andererseits auch eine langjährige kindgerechte Psychotherapie, die bindungs-, dissoziationspsychologisch und traumatherapeutisch ausgerichtet sein sollte. Denn wir wissen inzwischen, dass sich dissoziierte Persönlichkeitsanteile auch unter den besten Umgebungsbedingungen nur mit gezielter Hilfe miteinander verbinden. Und schließlich kann das alles nur klappen, wenn die Erwachsenen, die sich um diese Kinder kümmern, ihnen stabil und wertschätzend zur Seite stehen und gut für sich selbst sorgen!

7 Eltern: Schuld und Schuldgefühle

Leibliche Eltern

Wenn Kinder traumatisiert werden, fühlen sich viele Eltern mitschuldig oder als Versager. Es ist wichtig, diese Gefühle auf ihren Realitätsgehalt sachlich zu überprüfen! Wenn Ihr Kind seine Not verbal oder nonverbal verständlich kommuniziert hat, Sie aber nicht hingehört haben oder es nicht wahrhaben konnten oder wollten, dann haben Sie tatsächlich dieses Maß an Schuld auf sich geladen und sollten auch dazu stehen. Aber genau dieses – und nichts darüber hinaus!

»Beispiel Carolina (6 Jahre): *Das kleine Mädchen wurde fast ein Jahr lang immer wieder vom neuen Ehemann der Oma sexuell missbraucht. Dies geschah stets in ihrem Elternhaus, wenn ihre Großeltern dort zu Besuch waren. Dann rief die Oma ihre Enkeltochter ins Gästezimmer, wo der senile Opa sich gerade mühte, die Hose anzuziehen: »Komm und hilf dem Opa, den Knopf zuzumachen!«, und damit verließ sie das Gästezimmer. Der alte Mann holte dann sein Geschlechtsteil heraus und forderte das Mädchen auf, es in seinen kleinen Mund zu tun und daran zu saugen. Das Kind war starr und steif vor Beschämung, Ekel und Schreck und wusste einfach nicht, wie es das Ganze verstehen sollte. Immerhin bekam es keine Atemnot und Erstickungsangst, weil der Penis nicht mehr erigierte und der alte Mann ihn auch bald wieder zurückzog, in der Unterhose verstaute und das Mädchen anhielt, ihm die Hose zuzuknöpfen. »Und dass du fei nix sagst – sonst gibt's a Watschn!!«, drohte er ihr. Oder, noch schlimmer, dass sie ins Kinderheim käme oder dass die Oma vor Kummer sterben würde oder – noch viel schlimmer – ihre herzkranke Mama. Je nachdem, was ihm gerade so als effektive Drohung in den Sinn kam – und die Kleine war wie versteinert. Sie weinte viel, zeigte viel Angst und litt unter Albträumen – aber interessanterweise nicht in*

Bezug auf den Opa. Das Ganze flog erst auf, als er sich auch noch über den kleinen Bruder hermachen wollte und dabei von Carolinas Mutter überrascht wurde.
Die Großeltern wurden sofort des Hauses verwiesen, die Oma verstand das ganze Theater gar nicht, der Opa sei eben »a bissel« senil. Die Oma hatte ihren Mann erst vor 13 Jahren geheiratet, als ihre eigenen Kinder schon längst aus dem Haus waren, und sie hing symbiotisch an ihm. Die Einsamkeit zuvor hatte sie erdrückt, und die Angst vor neuer Einsamkeit fesselte sie nun an ihn und machte sie blind. Sie rückte zwar damit heraus, dass schon früher mal Ermittlungen wegen sexuellen Kindesmissbrauchs gegen ihn gelaufen seien, »aber alles eingestellt – war nichts dran!«, weswegen sie auch nicht drüber gesprochen habe.
Carolinas Mutter hatte keinerlei Loyalitätsgefühle ihrem Stiefvater gegenüber, kam aber natürlich der eigenen Mutter gegenüber in die emotionale Bredouille: Ihr tat es weh, der Mutter für die restliche Lebensdauer ihres Mannes das eigene Haus zu verbieten, weil die sich wiederum weigerte, die Untaten ihres Mannes wirklich zu realisieren. Stattdessen trafen sich Mutter (Oma) und Tochter (Mutter) nur noch irgendwo im Café – und beide waren unglücklich. Aber Carolinas Eltern nahmen eine klare Haltung zum sexuellen Missbrauch an ihrer Tochter ein:

- *Der Opa hat ein Verbrechen an ihr begangen, für das die Kleine gar nichts konnte.*
- *Die Eltern sind total wütend auf diesen Mann und sehen seine Senilität wohl als Teilerklärung, aber in keiner Weise als Entschuldigung an.*
- *Beide Eltern haben Carolina immer wieder versichert, wie leid es ihnen tue, dass sie all das ein Jahr lang vom Opa erdulden musste. Dass sie daran keinerlei Schuld trage, sondern allein der Opa – und dass die Eltern, wenn sie das auch nur geahnt hätten, diesen Mann sofort rausgeschmissen hätten. Sie sagten ihr auch, dass sie sich schuldig fühlen, weil sie nichts gemerkt haben, dass sie erst jetzt verstehen, warum Carolina im letzten Jahr so schlimme Träume hatte und oft nicht einschlafen konnte; dass sie sich bei ihr sehr entschuldigen wollen, weil sie*

sie manches Mal geschimpft hatten, wenn sie schon wieder aus ihrem Bett gekrabbelt kam.

- *Carolinas Eltern spielten mit ihrer Tochter mehrfach – nach meiner Empfehlung – ein sogenanntes »wunscherfüllendes Spiel« mit Kasperle-Puppen und Ähnlichem (s. Anhang), in dem sie sich zusammen mit Carolina eine tolle Geschichte ausdachten, wie sie den Opa schon gleich beim ersten Mal erwischt hätten und ihn mit Schimpf und Schande und Pauken und Trompeten aus dem Haus gejagt hätten. Und dadurch wurde auch offensichtlich, wie groß Carolinas Kummer war, dass die Oma nicht zu ihr hielt, sondern zu ihrem Mann. Aber auch das wurde im wunscherfüllenden Spiel aufgegriffen, indem die Oma ihn ins Altersheim steckte und der Heimleitung befahl, ihn bloß nie in die Nähe von Kindern zu lassen.*
  Das Heilsame am wunscherfüllenden Spiel ist, dass auf der symbolischen Ebene eine wirkliche Befriedigung erzielt wird und auch Genesung erlebt werden kann. Denn bei Trauma-Heilungswünschen erlebt das Kind im Spiel intensiv eine leib-seelische Behütung und Erlösung aus der Erstarrung. Körperliche Aggression gegen die Täter-Puppe (hier also der Opa-Stellvertreter) darf dabei absolut stattfinden, was ja im wirklichen Leben nicht möglich ist. Dadurch wird nämlich die in der Trauma-Erfahrung blockierte Kampfaktivierung freigesetzt und abreagiert. So können sich übermäßige Anspannung in Muskulatur und Nervensystemen, Hyperaktivität und aggressive Grundspannung ein Stück weit abbauen.
- *Sie wissen zwar, dass der Täter vor Gericht nicht als strafmündig abgeurteilt werden würde, aber sie haben der gesamten Großfamilie Bescheid gegeben – zum Schutz der anderen Enkel. Dass die Oma ihrer Verantwortung nicht gerecht wurde, wurde dabei klar benannt, aber es wurde kein Bruch mit ihr herbeigeführt.*
- *Sie haben umstandslos Psychotherapie für ihre Tochter in Gang gesetzt und akzeptiert, dass damit auch viel in ihrer eigenen Familie und bei ihnen selbst aufgewühlt wurde und auf den Prüfstand kam.*

Aus dieser Fallgeschichte wird klar, dass selbst in einem relativ simplen Beziehungsgefüge schon viel Sprengkraft liegen kann.

Es gibt aber auch die »noch einfacheren« Konstellationen, in denen das Kind im Zuge der besten Absichten der Eltern traumatisiert worden ist, was zum Beispiel häufig bei sehr schmerzhaften medizinischen Diagnose- oder Behandlungspraktiken passieren kann. Auch wenn hier die Eltern zur Beruhigung des wachen Kindes dabei sind oder es sogar fixieren müssen, kann das durchaus sowohl für die Eltern als auch für das Kind traumatisierend werden. Dies hat die Konsequenz, dass die Eltern durch den Eingriff selbst so geschockt und außer sich sind – zum Beispiel in unsichtbaren oder sichtbaren Tränen aufgelöst, aggressiv oder in der Erstarrung –, dass sie ihr Kind auch im Anschluss an das Erlebte nicht mehr feinfühlig umsorgen, trösten und beruhigen können. Dies gilt umso mehr, wenn Eltern durch das Gewalttätige in der Szene selbst getriggert werden, also eigene Gewalterfahrungen aufgerührt werden und Erinnerungen und Affekte den Erwachsenen überschwemmen. Das Wichtigste, was einem Kind helfen kann, ein potentiell traumatisierendes Ereignis zu verarbeiten, entfällt u. U. sogar in so einer »einfach gestrickten« Trauma-Konstellation:

- Die Fähigkeit der Eltern oder anderer Bezugspersonen, dem Kind ein Gefühl von Sicherheit zu geben und ihm eine Abgrenzung von Zeit (»es ist vorbei«) und Raum (»das war im Operationssaal im Krankenhaus, nicht hier zu Hause«) zu vermitteln, und eine Erklärung des Schrecklichen.
- Die Fähigkeit, seinen Schockzustand wahrzunehmen und durch emotionale und körperliche Nähe, durch Schaukeln, Wiegen und Summen in der Herz-zu-Herz-Position, Unterstützen seines Zitterns mit viel Geduld allmählich aufzulösen.
- Die Fähigkeit, zu spüren, wann das Kind aus der Übererregung, Aggression, Hyperaktivität, Erstarrung oder Erschlaffung wieder in einen gesunden Spannungs- und Erregungszustand zurückgekehrt ist, in dem es wieder Kontakt zur Realität und zur Umgebung aufnehmen kann und möchte.

- Die Fähigkeit, nicht zu erschrecken, wenn es dann wütend gegen seine Eltern trommelt oder in ein erlösendes Weinen ausbricht. Das sind für das Kind notwendige Übergänge zur Belebung, zum Loslassen und zur Entspannung.

Dies alles nennen wir »Bindungsreparatur«!
Bindungsreparatur ist immer notwendig, wenn das Kind eine Schockerfahrung durchlaufen musste – und sei sie noch so notwendig und unausweichlich gewesen! Aber es hat durch die Überwältigung mit Zwang, Gewalt, Schmerz, Bluten, Eindringen in seinen Körper etc. ein Stück seines Urvertrauens in die Welt verloren und braucht nun die emotionale Versicherung, dass die Welt kein böser Ort ist, in dem es allein gelassen ist.

Sie als Eltern brauchen also selbst Halt, damit Sie für Ihr Kind gut da sein können! Das müssen Sie unbedingt akzeptieren und um Unterstützung aktiv nachfragen!

Plötzlicher Tod

Verstärkt finden wir dies beim (plötzlichen) Tod eines Familienmitgliedes: Der Schock, der für alle Hinterbliebenen ausgelöst wird, hindert die Erwachsenen daran, die Not der Kinder zu lindern, ja oft sogar zu merken! Denn Kinder reagieren nicht nur mit Schock, sondern auch mit einer instinktiven Anstrengung, das Familiensystem, insbesondere die Mutter oder den Vater, emotional zu stabilisieren. Das sind dann die ganz verantwortungsbewussten, fleißigen, patenten und »emotional stabilen« Kinder, die zum Beispiel die Versorgung der jüngeren Geschwister übernehmen oder die Rolle des/der Ersatzpartners/in einnehmen. Die Stabilität dieser Kinder wird dringend gebraucht – aber in Wirklichkeit frisst sie ihre Substanz auf! Auch hier ist es notwendig, dass Sie Freunde oder Verwandte bitten, sich intensiv um Ihr Kind zu kümmern und Ihnen beim gemeinsamen Trauern zu helfen. Das Beste ist, wenn Sie mit Ihren Kindern gemeinsam trauern können! Die typisch mitteleuropäische Unfähigkeit zum hemmungslosen Trauern schafft große Probleme, weil sie die Hinterbliebenen dazu treibt, Affekte eher zur Seite zu schieben oder in Trauer zu erstarren, als sie fließen zu lassen. Und das überträgt sich natürlich auch auf die Kinder. Gleichzeitig sind Freunde, Nachbarn und Verwandte oft sehr verunsichert und ziehen sich deswegen womöglich eher zurück von den Hinterbliebenen. Bitten Sie also Menschen, von denen Sie glauben, dass sie Ihnen guttun, Ihnen beizustehen. Die meisten Menschen helfen gerne und sind froh, wenn ihnen jemand sagt, wie sie das machen können!

In der Trauma-Konstellation eines plötzlichen Todes hat also auch niemand das Kind beschädigen wollen, sondern das Schicksal hat zugeschlagen und nebenbei die wichtigsten Tröster und Kraftspender in den Zeiten kindlicher Not schachmatt gesetzt.

Schuldverwicklung

Aber um wie viel größer ist die Befangenheit, wenn Eltern in ihrer Schutzfunktion versagt haben, obwohl es Hinweise auf die Schädigung ihres Kindes gegeben hat!

Auch hier muss man wieder sehr genau differenzieren.

»Fallbeispiel Julius (5 Jahre): *Mit drei Jahren hatte der kleine Junge seiner Mutter immer wieder davon erzählt, dass der Papa »Aua im Popo« mache. Mehrfach versuchte der Kleine, sich lange Gegenstände in den After zu schieben. Darüber hinaus traute er sich nichts mehr zu, bekam eine massive Schlafstörung und begann seine Mutter zu bedrängen, seinen Penis zu lutschen. Gleichzeitig machte der getrennt lebende Vater aber auch sehr großzügige Geschenke und konnte ganz wunderbar mit Julius spielen, sodass Julius – Albträume hin und Ängste her – unbedingt Zeit mit dem Vater verbringen wollte. Die Mutter sprach mit dem Jugendamt über die Situation und bekam – nach einer eindringlichen Belehrung, wie sehr sie ihrem Kind schade, wenn sie ihm solche Sachen einrede oder es gegen den Vater aufhetze – dann die Unterstützung, die sie brauchte. Der Sozialarbeiter suchte den Therapieplatz bei mir. Ich setzte mich dafür ein, dass für das total verunsicherte, erstarrte, beständig sanft*

lächelnde Kind der Umgang zumindest vorübergehend ausgesetzt wurde. Julius entwickelte sich unter der Therapie zu einem fröhlichen und unternehmungslustigen Kind. Was er aber immer noch nicht konnte, war, sich abzugrenzen, anderen als seiner Mutter gegenüber »Nein!« zu sagen. Das Familiengericht setzte – zu meiner Überraschung und großen Verärgerung – das Umgangsrecht des Vaters wieder ein, aber diesmal so, dass der Umgang in Anwesenheit der Mutter bei ihr zu Hause stattfinden sollte. Julius fand das prima, weil er ein Gespür dafür hatte, dass der Vater unter den Augen der Mutter eine ganz andere Seite zeigte: eine eher kindliche, naive Seite. Für die Mutter waren die 14-tägigen Aufenthalte ihres früheren Ehemannes und Missbrauchers ihres Sohnes in ihrer Wohnung die reinste Qual, sodass sie allmählich ihre eigene Mutter immer mehr in die Rolle der Aufpasserin hineinzog, um zumindest kurz zwischendurch die Wohnung verlassen zu können. Die Oma wiederum war den charmanten Umwicklungen und raffinierten Manövern ihres Ex-Schwiegersohnes gar nicht gewachsen und ließ sich von ihm in die Küche komplimentieren. Als die Mutter nach Hause kam, fand sie den Kleinen nackt auf dem Bett kauernd, weiß wie die Wand und starr. Der Vater nestelte sich wie nebenbei die Hose zu: »Ich musste mal sehen, warum es ihn so juckt.« Sprach's und machte sich galant davon.
Obwohl sie das Schlimmste gerade noch verhüten konnte, litt die Mutter massiv unter Schuldgefühlen und stürzte in eine schwere Krise. Nur gut, dass der Kleine damals noch in meiner Behandlung war, sodass wir diese Szene unmittelbar danach aufarbeiten konnten! Dennoch war die Mutter in eine psychische Krise geraten und stand ihrem Kind in diesen Wochen emotional nicht mehr gut zur Verfügung. Sie konnte sich nicht verzeihen, dass sie der Wiedereinsetzung des Umgangsrechts zugestimmt hatte. In dieser schlimmen Situation sprach ich wieder mit dem Sozialarbeiter vom Jugendamt, um die verheerende Situation im Sinne des Kinderschutzes zu klären. Er betonte mehrfach, dass die Mutter ja den Umgängen freiwillig zugestimmt habe, worauf ich ihn schließlich fragte, was denn dieser – in meinen Augen überraschenden – Zustimmung genau vorausgegangen sei. Nach kurzer Besinnung kam dann folgende Information:

Der Familienrichter habe der Mutter angekündigt, dass er ihr das Sorgerecht für das Kind entziehen werde, wenn sie nicht endlich kooperiere. Die beiden Männer hatten überhaupt nicht verstanden, dass sie die Mutter damit unter Schock gesetzt und die »Zustimmung« unter extremstem Druck und in existentieller Not zustande gekommen war.
Bemerkenswert war, dass die Mutter mir diesen Schock nicht als den eigentlichen Grund für ihre Zustimmung genannt hatte. Erst als ich sie daraufhin gezielt fragte, was denn ihrem Sinneswandel vorausgegangen sei, erzählte sie mir davon. Bemerkenswert auch, dass mir der Sozialarbeiter vom Jugendamt zunächst nichts von diesem Manöver des Richters berichtet hatte. Sicherlich nicht, um es mir vorzuenthalten, sondern eher, weil Schockerfahrungen – auch kleine – nicht »normal« abgespeichert werden: Sie »switchen« zwischen hyperrealistischer intrusiver Erinnerung und Abgespaltensein (also scheinbarem Vergessen) hin und her. Und das kann auch bei den Zeugen passieren!
Obwohl also dieser Mutter ihre »Zustimmung« skrupellos abgepresst worden war und obwohl jedem klar sein müsste, dass eine Umgangsbegleitung unter diesen Umständen jeder Mutter die Nerven hätte zerrütten müssen, hatte sie sich verantwortlich für den erneuten sexuellen Übergriff auf ihren Jungen gefühlt! Meine Vermutung ist ja, dass Frauen eine natürliche Begabung dafür haben, sich Sorgen um andere zu machen und sich für deren Wohl verantwortlich zu fühlen. Auf jeden Fall wird diese wertvolle Bereitschaft oft genug hemmungslos ausgenutzt und führt viele Frauen direkt in die lähmende Psycho-Falle: »Ich bin schuld!«

Aber es ist nicht nur die unangemessene Schuldübernahme, es ist erst recht

- die angemessene Schuldübernahme, weil man unvorsichtig mit seinem Kind war – aber wer könnte von sich behaupten, immer vorsichtig mit seinem Kind gewesen zu sein? Und welche Erziehungsfachleute würden empfehlen, immer vorsichtig mit seinem Kind zu sein? Jedes Kind braucht schließlich freie Erfahrungsräume! Jedes

Kind muss sich wehtun dürfen! Jedes Kind muss immer wieder Fehler machen dürfen, aus denen es lernen kann!

- Die angemessene Schuldübernahme, weil man die Notsignale (verbale und nonverbale) des Kindes ignoriert hatte. Oder hatte man sie vielleicht nicht erkannt, weil sie einen gesellschaftlichen Tabubereich betrafen (zum Beispiel sexueller Missbrauch). Oder weil gesellschaftlich und historisch geprägte unhinterfragte Überzeugungen (zum Beispiel: »Jedes Kind braucht seinen Vater!«, »Jedes Kind ist am besten bei seiner eigenen Mutter aufgehoben!«) es verhindert haben.
- Die angemessene Schuldübernahme, weil man dabei war, als dem Kind bewusst Schaden zugefügt wurde, und man hat nichts getan. Aber hat man wirklich freiwillig nichts getan?
- Die angemessene Schuldübernahme, weil man dem Kind selbst Schlimmes angetan hat. Ich rede von wiederholten Schlägen oder einer harten Tracht Prügel und ähnlichen oder gar schlimmeren Misshandlungen. Wenn Sie das von sich wissen, gehen Sie bitte sofort zu einer Erziehungsberatungsstelle oder belegen einen Elternkurs beim Kinderschutzbund! Niemand wird Sie dort beschimpfen, stattdessen wird man froh sein, dass Sie sich helfen lassen wollen, aus dem Teufelskreis herauszukommen!

»Beispiel Leon (3 Jahre) und seine Mutter: *Leon war immer schon ein unruhiges Kind gewesen, und er konnte sich nicht selbst beschäftigen. Seine Mutter war sehr auf seine Sicherheit bedacht, weil ihr sein Umherturnen und -rasen gefährlich vorkam. Wenn sie kochte und Leon ihre Zuwendung einforderte, nahm sie den Jungen hoch auf ihre Hüfte und kochte mit einer Hand weiter, immer sorgsam darauf bedacht, dass das Kind nicht an die Töpfe und Pfannen auf dem Herd herankam. Als ihr dies eines Tages mal zu schwer wurde, weil sie sich selbst nicht wohl fühlte, setzte sie ihn kurz zwischendurch auf der Arbeitsplatte ab. Sie ermahnte ihn, da sitzen zu bleiben, und holte Gewürze aus dem Oberschrank. Diese wenigen Sekunden nutzte Leon, um zum Herd herüber-*

zuhechten, sich dort beide Hände zu verbrennen, das Gleichgewicht zu verlieren, sich am Kartoffeltopf »festzuhalten« und zusammen mit Topf und kochendem Inhalt auf den Boden zu stürzen.
Die Mutter rief sofort die Ambulanz, und dadurch wurde Leon trotz schwerer Verbrennungen und langer Krankenhausbehandlung doch erstaunlich gut wiederhergestellt. Keiner machte der Mutter Vorhaltungen, dass sie das ganze Desaster herbeigeführt habe. Aber sie selbst konnte es sich nicht verzeihen, ihn abgesetzt zu haben. Der seelische Heilungsprozess des Kindes wurde durch die Selbstvorwürfe der Mutter blockiert.

»Fallbeispiel René (9 Jahre) und seine Mutter: *René war von seinem Vater und dessen Kumpels als Baby misshandelt und sexuell gequält worden. Aber damit war er nicht allein: Sie quälten auch seine sehr junge Mutter und hatten damit schon in der Schwangerschaft angefangen: Vergewaltigungen und Brutalitäten aller Art bis hin zum Würgen bis zur Bewusstlosigkeit. Dies alles erlebte René denn auch als Baby mit, und seine Mutter wiederum wurde fixiert, um zusehen zu müssen, was sie dem Baby antaten. Als sie sich schließlich ihren Eltern anvertraute, holten sie sie und das Baby sofort nach Hause und organisierten unter sich einen Wachdienst, damit die schwer traumatisierte und dissoziierende Tochter und ihr Enkelsohn diesen Männern nicht mehr ausgeliefert waren. Dies war über fünf Jahre auch bitter nötig! Sowohl Mutter als auch Sohn kamen jeweils in traumapsychologische Behandlung. Ein Schritt der Heilung zeigte sich in einer zunehmenden Fähigkeit des Kindes, spontan zu spielen und darin auch seine eigenen Kräfte zu entdecken und zu erproben. Nach zwei Jahren Psychotherapie traute er es sich zum ersten Mal zu, mich im Spiel im Nahkampf anzugreifen. Bald darauf zeigte sich der nächste Schritt aus der Opferrolle, der Erstarrung und den Gefühlen des Ausgeliefertseins heraus : Von einem älteren Cousin war er beim Baden mehrmals spielerisch unter Wasser gedrückt worden, wobei die Mutter in der Nähe saß und das im Blick behielt. Zornbebend kam René aus dem Wasser gerannt und schrie sie an: »Auf mich passt du ja gar nicht auf! Warum hast du mich nicht vor dem Blödmann beschützt?!« Damit trig-*

gerte jetzt René bei seiner Mutter die grausamen Szenen und Schuldgefühle, ihr Kind nicht beschützt zu haben, sodass es ihr einige Tage sehr schlecht ging. Glücklicherweise konnte sie sich schnell sowohl ihrer Therapeutin als auch mir anvertrauen. So konnten wir beiden gut helfen, die von René unbewusst angesprochenen Realitäten ihrer beider Vergangenheit zu bearbeiten.

Fehlbeschuldigungen als Mittel im Rosenkrieg

Sie erinnern sich vielleicht daran, dass der Mitarbeiter des Jugendamts zunächst sehr skeptisch auf die Schilderungen von Leons Mutter (s. S. 121) reagierte und ihr anschaulich ausmalte, wie sie sich an ihrem Kind vergehe, wenn sie ihm das so einrede. Tatsächlich kenne ich auch Fälle von Müttern, die solcherart falsche Beschuldigungen in die Welt setzten. Allerdings trifft dieser Vorwurf bei vielen hundert tatsächlich innerfamiliär gewalt- und sexualtraumatisierten jungen Patienten im Laufe meines vierunddreißigjährigen Berufslebens nur auf drei Mütter zu. Dagegen ist die Zahl derjenigen, deren innerfamiliäre Traumageschichte niemals irgendeiner Behörde bekannt gemacht wurde, mindestens 30-mal so hoch. Natürlich kann man einwenden, dass mein Klientel nicht repräsentativ sei. Aber es gibt eine Berliner Studie über die Berechtigung von Missbrauchs-Beschuldigungen, die beim Jugendamt gegen den anderen Elternteil vorgebracht wurden. Dabei stellte man fest, dass nur fünf Prozent der Beschuldigungen schlicht nicht zutrafen. Und von denen wurde wiederum die Mehrheit nicht auf gezielte Lügen zurückgeführt, sondern auf eine große Verunsicherung und Fehlinterpretation, oft auch einhergehend mit psychischer Erkrankung der Mütter.

Traumatisierende Mütter

Es darf aber auch nicht verschwiegen werden, dass gerade bei psychischer Erkrankung der Mutter das Kind besonders ungeschützt ist und kaum Geborgenheit bei ihr erlebt. Sein Risiko eines sexuellen Missbrauchs durch Partner und Bekannte der Mutter steigt enorm. Aber auch das Risiko, von der Mutter selbst misshandelt zu werden, erhöht sich beträchtlich, denn jede psychische Erkrankung kann mit krassen dissoziativen Ego-State-Wechseln einhergehen oder mit Kontrollverlusten über das eigene Verhalten.

Und dann gibt es natürlich auch sexuell missbrauchende Mütter. Kinder von sexuell missbrauchenden Frauen tauchen allerdings extrem selten in meiner Praxis auf, und die Studienlage zu ihnen ist leider auch sehr dürftig. Man geht von einem weiblichen Anteil von etwa 10 Prozent der sexuell Missbrauchenden aus, wobei diese überwiegend einem Mann »zuliebe« mitmachen und in fast allen Fällen die Hauptbezugspersonen für die kindlichen Opfer darstellen, also meistens Mütter oder Omas. Ich denke, dass das Tabu und die Scham über die sexuelle Verwendung durch die eigene Mutter – der Grund des eigenen Lebens – und die Verfügungsgewalt dieser Mütter über das Kind noch mal so viel mächtiger sind, dass diese Kinder fast nie als missbrauchte Kinder bekannt werden. Aber eines ist gewiss: Diese kindlichen Opfer brauchen immer extreme dissoziative Abspaltungen, bilden aus der Not heraus vermutlich äußerst überzeugende und effektive dissoziierte Ego-States aus und sind dementsprechend als Jugendliche und Erwachsene tief einsame, unglückliche und seelisch kranke Menschen mit einem hohen Suizidrisiko.

Transgenerationale Traumatisierung

Wir sind nicht in erster Linie Individuen. Stattdessen ist der einzelne Mensch in erster Linie ein biologisches und soziales Wesen. Auf dieser Basis kann sich dann unter sehr speziellen gesellschaftlichen und familiären Bedingungen unserer Gegenwartsgesellschaft eine stark an den persönlichen Anlagen, Vorlieben und Interessen orientierte Entwicklung ergeben. Aber auch dann bedeutet dies niemals eine Loslösung vom sozialen Zusammenhang und noch nicht einmal vom Zusammenhang der vorausgehenden Generationen. Dieses kaum glaubliche Phänomen der transgenerationalen Traumatisierung beobachten und diskutieren wir TraumapsychologInnen ja nun schon seit einigen Jahrzehnten: Verbrechen, vor allem verschwiegene, in oder an den vorhergehenden Generationen scheinen sich bis in die dritte und vierte Generation auszuwirken – aber wie soll man sich das vorstellen? Wenn doch zwischendurch keiner etwas Böses getan hat?

Da ich keine Expertin auf diesem Gebiet bin, will ich mich auf zwei »Transmissionsriemen« beschränken, die mich besonders überzeugen:

- Dissoziierte aggressive, regressive oder depressive / lebensmüde Ego-States wandern durch die Generationen, auch wenn sie sich nicht handelnd oder sprachlich äußern.
  Kinder spüren die extremen Affekte und deren abrupte Wechsel bei ihren Eltern und sind ihnen hilflos ausgeliefert. Die Übertragung läuft dann nonverbal-körpersprachlich: Innerer Terror, Mordimpulse, Panik, Totenstarre, Trance-Zustände der Eltern werden körpersprachlich kommuniziert und wandern als unverdaute Affekt-Introjekte in die Kinder hinein.
- Die Epigenetik als relativ neuer Forschungszweig hat zu wirklich verblüffenden Erkenntnissen geführt: 20% unserer menschlichen Gene werden durch »Schalter« an- oder ausgestellt. Dies sind Proteine, die auf den Genen sitzen. Und diese reagieren auf die persönliche Lebens- und Ernährungsweise des Individuums, aber auch auf die Lebenserfahrung seiner Eltern und Großeltern. Und da traumatische Erfahrungen die Lebensweise des Menschen massiv prägen, sind sie es auch, die die Einstellung des Epigenoms bestimmen. Das heißt, sowohl meine Ernährungsweise als auch meine persönlichen traumatischen Erfahrungen als auch die meiner Eltern und Großeltern bestimmen darüber, welche Gene bei mir an- oder ausgestellt sind. Erst nach der dritten Generation lösen sich diese Schalter wieder. Dies könnte womöglich eine Erklärung dafür sein, dass auch Kinder, die ihre Eltern und Großeltern nie gesehen haben, irgendwie deren große Last zu tragen scheinen und sie mit in ihre neue Familie schleppen.

Aufnehmende Eltern

Hierzu zähle ich Adoptiveltern, Pflegeeltern, SOS-Kinderdorfeltern und ähnliche Konstellationen – eigentlich alle Erwachsenen, die sich grundsätzlich für ein Kind entscheiden und sich dafür entschieden haben, es durch alle seine Entwicklungen, Nöte und Verhaltenskrisen hindurch zu begleiten und zu tragen. Großeltern und andere Verwandte, ErzieherInnen, Bereitschaftspflegeeltern und ähnliche Konstellationen, bei denen ein Kind für eine begrenzte Zeit und mit einem begrenzten Auftrag aufgenommen wird, meine ich jetzt nicht mit »aufnehmenden Eltern«.

Natürlich gibt es viele Mischformen und Variationen, z.B. wenn Großeltern ihr Enkelkind in Pflege nehmen oder der neue Lebensgefährte das leibliche Kind seines Ehepartners adoptiert etc. Außerdem sind innerhalb der Gruppe der aufnehmenden Eltern die Dynamiken doch sehr unterschiedlich, allein schon aufgrund der völlig unterschiedlich geregelten rechtlichen Aspekte, aber auch hinsichtlich des Stellenwertes der leiblichen Eltern. Diese sitzen nämlich nicht nur emotional immer mit am Tisch, sondern in Pflegefamilien sind sie auch meist faktisch irgendwie Teil des kindlichen Lebens und beeinflussen damit die Pflegefamilie. Und je nachdem, ob es da eine gute Kooperation und Grenzziehung gibt, kann das sehr hilfreich oder äußerst destruktiv werden. Noch verheerender kann das bei einer Verwandtenpflege laufen, weil dann die Familie der leiblichen und aufnehmenden Eltern identisch ist und die Spaltungen und Konflikte im eigenen familiären Nahraum brodeln. Das Scheitern der leiblichen Eltern steht zudem meist in irgendeinem Zusammenhang mit ihren eigenen Herkunftsfamilie, wo es fast immer zumindest eine – wie auch immer verursachte – Bindungsstörung gegeben hat. Auch lässt sich die emotionale Verbundenheit mit dem Familienmitglied, das seine Kinder zum Beispiel hat verwahrlosen lassen, ja nicht einfach auflösen, sondern ist eine ständig klaffende Wunde und Quelle emotionaler Verwirrung. Insbesondere wenn Verwandte ersten Grades die Kinder aufnehmen. Auf der anderen Seite stehen aber auch Vorteile für die Kinder, wenn sie zum Beispiel nicht zu Neuanbindungen gezwungen sind und vor allem ihr Selbstkonzept nicht so maßlos unter Druck kommt: »Mama und Papa haben sich zwar nicht um mich gekümmert – aber Oma und Opa haben mich lieb und kümmern sich um mich!« Der Kern des persönlichen Selbstkonzeptes ist ja nicht kognitiv formuliert, sondern emotional empfunden und entscheidet sich daran, ob das Kind in der Tiefe glauben kann: »Ich bin ein geliebtes und willkommenes Kind!«

Ich vermute einmal, dass viele meiner LeserInnen zu den aufnehmenden Eltern gehören, die die stillen Helden unserer Gesellschaft sind. Die sich aufreiben und quälen mit ihren alltäglichen und allnächtlichen Versuchen, den Bedürfnissen des geschädigten Kindes gerecht zu werden.

Um sich dann von Schule, Nachbarn, Jugendamt und eigener Familie oft genug allein gelassen und nicht getragen zu fühlen – oft genug auch noch von meinen KollegInnen, die nicht selten Vorbehalte und Abwertungen bereit haben nach dem Motto: »Da sind Sie ja selbst schuld, wenn Sie sich so was angetan haben!«, »Welchen unbewussten Konflikt haben Sie wohl durch die Aufnahme eines fremden Kindes insgeheim lösen wollen?«, »Ein Helfersyndrom war noch nie eine gute Motivation.« – »Die müssen ja viel falsch machen, dass das Kind so beisammen ist.« Und vieles mehr … Die Hilflosigkeit angesichts der Ausmaße der Probleme führt gerne zur Verteilung von Schuld. Und vor dieser falschen Schutzreaktion sind leider auch Fachleute nicht geschützt. Am besten, man erklärt sich das mit dem Spruch: »Such dir morgens einen Schuldigen – und der Tag hat Struktur!« Ich drücke Ihnen auf jeden Fall meine absolute Hochachtung aus! Wie viel Liebe, Hoffnung, Mut und Durchhaltevermögen und absolute Zuverlässigkeit ich schon bei aufnehmenden Eltern erlebt habe, ist wirklich beeindruckend!

Natürlich will ich nicht übersehen und verschweigen, dass manches Mal doch die Möglichkeiten oder Absichten von aufnehmenden Eltern zu gering oder gar schädlich sind. Natürlich kommt das auch vor und ist dann wirklich schrecklich. Und natürlich spielen die eigenen Erfahrungen von Liebe, Liebesentzug, Vernachlässigung, Gewalt, sexuellen Übergriffen etc. eine maßgebliche Rolle dafür, wie schnell und in welcher Weise wir uns triggern lassen oder welche Projektionen wir selbst auf unsere Kinder haben. Das sind tatsächlich ganz wichtige Punkte!

Dennoch weiß ich, dass die manchmal katastrophale Entwicklung bei den aufgenommenen Kindern in den meisten Fällen von bestimmten seelischen Mechanismen in Gang gesetzt werden: von Dissoziation, Projektion sowie dissoziativen Ego-State-Wechseln. Aber auch daran tragen sie ja keine Schuld.

Und Sie erst recht nicht!

Für Eltern gleich welcher Art gilt:

Sie werden unweigerlich zu einem aktiven Mitspieler in der familiären Konfliktdynamik, wenn Ihr Kind Sie (!) triggert, weil Sie zum Beispiel in Ihrem Leben ähnliche Erlebnisse verkraften mussten; und immer dann, wenn Sie Erwartungen oder Vorstellungen auf das Kind projizieren, die mit Ihrer Geschichte und Ihren Bedürfnissen zu tun haben; und immer dann, wenn das Kind im Krieger-State ist, denn dann sind Sie nicht nur Gegner, sondern sogar Feind mitten im Krieg. Der Krieger-State schreckt weder vor Gewalttaten noch vor psychologischer Kriegsführung zurück, und er spürt instinktiv, wo die Schwachstellen bei Ihnen sind, und wird sie nutzen. Darum sollten Sie immer mit Ihren Schwachstellen bewusst und fürsorglich umgehen, die einen bewältigen und die anderen wirklich annehmen lernen. Und innere Schutzmechanismen aufbauen, an denen die Angriffe abprallen werden! Denn bedenken Sie:

Wenn Ihr Kind Sie erst einmal seelisch verletzt hat, sind Sie sofort ein Teil der Täter-Opfer-Spaltung, und Ihre Selbstberuhigung wird um ein Vielfaches erschwert. **Und ohne Ihre Ruhe und Stabilität ist Ihr Kind hilflos – wie auf hoher See – den Stürmen und Gewittern der eigenen Seele preisgegeben.**

8 Anhang

Anleitungen zur Selbstberuhigung für Eltern

Die Wut-Treppe bei aggressivem Affektstau, aber auch bei anderen Affekten mit Erregung

Stellen Sie sich eine Treppe mit zehn Stufen vor. Mit Ihrer ganzen Erregung stehen Sie oben auf der zehnten Stufe. Wenn Sie ganz unten angekommen sind, werden Sie sich entspannt haben. Beobachten Sie nun Ihre Erregung und Ihren Atem. Gehen Sie in Ihrer Vorstellung bei jedem Ausatmen eine Stufe nach unten und zählen die Stufen dabei. Beobachten Sie, wie jede Stufe Sie ein Stückchen mehr zur Ruhe bringt. Wenn Sie unten bei null angekommen sind, sind Sie entspannt.

Der Atemtrick (bzw. das diaphragmatische Atmen) bei jeder Art von Übererregung

Mit Diaphragma ist nicht das Verhütungsmittel für die Frau gemeint, sondern das Zwerchfell (griech.: Diaphragma). Das Zwerchfell ist eine Muskelplatte, die unseren Brustraum nach unten zum Bauchraum hin abschließt. Es ist nach oben gewölbt. Wenn es bei einer tiefen Einatmung nach unten zum Bauchraum hin gedehnt wird, übt es einen wohltuenden Druck / Massage auf das Sonnengeflecht (größter Nervenknoten außerhalb des zentralen Nervensystems) und die Bauchorgane aus. Bei einer vertieften Ausatmung dagegen wölbt es sich immer weiter nach oben und zieht den Oberkörper zusammen.

Das Zwerchfell ist ein Stressmuskel, d.h., in Zeiten von Anspannung, Hektik und Stress verspannt es sich und blockiert die Bauchatmung. Durch das diaphragmatische Atmen wird es erst nach unten und dann nach oben gedehnt und ist danach wieder elastisch.

Jedes Lebewesen mit Lungenatmung hat eine reflexgesteuerte automatisierte Atmung, die völlig anstrengungsfrei verläuft. Durch chronifizierte Anspannung wird die leichte Atmung immer mehr behindert und zu einer Anstrengung. Gleichzeitig verändert sich das Gasgemisch in der Lunge zum Negativen hin, sodass auch das Gehirn ungünstiger mit Sauerstoff versorgt wird. Allein dadurch kommt es schon zu einem Aufschaukeln von Übererregung und negativen Affekten.

Das diaphragmatische Atmen, so wie ich es entwickelt habe, kommt aus dem Sport – und zwar aus dem »Cool-down«-Abspann nach großer Dauerbelastung für Herz, Kreislauf und Muskulatur. Es sorgt innerhalb von wenigen Sekunden für eine Beruhigung des Herzschlages, für ein Absenken des Blutdrucks, für eine körperliche Lockerung und für eine mentale Erholung. Übertragen auf unser traumapsychologisches Thema der Affektregulation, hilft es auch im Kontext leib-seelischer Übererregung für ein schnelles »Cool-down«.

Ablauf:

- 1 x sehr tief einatmen;
- (möglichst so, dass das Atemvolumen nach unten gelenkt wird [Zwerchfelldehnung]);
- 1 x sehr tief ausatmen, sodass keine Luft mehr in der Lunge verbleibt (das Zwerchfell schiebt sich automatisch nach oben, evtl. krümmt sich der Oberkörper etwas, wodurch die Entleerung der Lunge unterstützt wird);
- danach die Atmung freigeben, sie dem Körper überlassen und beobachten, was er macht.

Bevor Sie weiterlesen, sollten Sie diese Übung unbedingt ein oder zwei Mal gemacht haben!

Nach einer Pause von ca. 2 Minuten wiederholen Sie die Übung, stellen sich dabei aber zuvor eine sehr ärgerliche Begebenheit aus Ihrem Leben vor. Beobachten Sie die körperlichen Veränderungen in Reaktion auf diese Erinnerung! Führen Sie dann die Übung ein oder höchstens zwei Mal durch und beobachten Sie Ihre leib-seelischen Veränderungen.

Etwa 60 % der Erwachsenen aus meiner Praxis profitieren von dieser Übung sehr gut. Manche spüren gar keine Erleichterung, und wieder andere fühlen sich durch die Übung in ihrer Atmung irritiert. Letztere sollten sie auf keinen Fall fortsetzen!

Für die anderen führt das diaphragmatische Atmen zu einem sofortigen Stressabbau, Anspannungen und negative Affekte lösen sich auf, mental wird man klar und tritt einen Schritt zurück, sodass man sich die schlimme Szene in der Erinnerung fast unbeteiligt anschauen kann. Cool down in 10 Sekunden!

In der Realsituation eines Konfliktes hilft diese Atmung nur, wenn man sie zuvor eingeübt und dadurch automatisiert hat. Dann muss man sie auch nicht mehr so extensiv durchführen und sie wird in der Anwendung unauffälliger. Man darf sich von ihr keine Wunder erwarten, aber eine Verschnaufpause und ein innerliches Zurücktreten. Die Anwendung für die Realsituation wird im Elterntraining beschrieben.

Achtung: Die diaphragmatische Atmung ist absolut keine Daueratmung! Deswegen nur ein oder zweimal hintereinander durchführen, weil sonst Schwindelgefühl eintritt.

Achtung: Diese Übung ist in erster Linie für Erwachsene und Jugendliche gedacht. Kinder, insbesondere seelisch kranke Kinder, lassen sich leichter in ihrer Atmung irritieren. Also bitte nicht mit Ihrem Kind einüben!

Trost- und Kraftwesen

Alle musisch-kreativen Betätigungen sind sehr gut, um uns Trost und Kraft zu spenden. Ausgesprochen wirksam sind zum Beispiel Singen und Tanzen, weil sie auch noch eine starke körperliche Beteiligung haben. Aber der Mensch ist in erster Linie ein soziales Wesen, d.h., wir schöpfen nicht nur für uns selbst aus uns selbst heraus, sondern geben und bekommen Trost und Kraft. Bei Ihnen dürfte das Geben stark überwiegen, sodass das Nehmen und Bekommen zu wenig ist. Es ist sowohl auf der Ebene von Realität wichtig zu schauen, wo und von wem

Sie nehmen können – als auch auf der Ebene der Imagination. Darum geht es in dieser Übung.

Stellen Sie sich ein Wesen vor, das Ihnen in aller Bedrängnis und Not beisteht! Es kann aus dem Bereich der Tierwelt, der Filme oder Märchen, der Religion oder Ihrer eigenen Fantasie stammen.

In welchem räumlichen Verhältnis wünschen Sie sich dieses Wesen? Was soll es körperlich für Sie tun? Und was sagt es Ihnen?

Spüren Sie in Ihrem Körper, wie und wo es Ihnen guttut!

Beobachten Sie, ob sich dieses gute körperliche Gefühl – vielleicht von Trost und Geborgenheit – in Ihrem Körper und in Ihrer Seele ausbreiten will. Wenn ja, dann lassen Sie es sich ausbreiten!

Nehmen Sie diese körperliche und seelische Erfahrung gut geschützt in Ihrem Inneren mit in Ihren Alltag!

Trost- und Kraftorte

Stellen Sie sich einen Ort vor, an dem Sie sich ganz sicher und geborgen fühlen! Er kann zum Beispiel ein guter Ort Ihrer Kindheit sein oder aus einem Urlaub oder aus Ihrer Fantasie.

Stellen Sie sich vor, wie Sie dorthin kommen, was Sie dort sehen, hören und riechen! Es ist ein Ort in Ihrer Vorstellung, aber Sie können ihn jetzt körperlich spüren. Was können Sie riechen? Was spürt Ihre Haut? Wo und wie stehen Ihre Füße an diesem Ort?

Vielleicht möchten Sie sich an diesem sicheren Ort ausruhen. Und wo genau soll das sein? Spüren Sie, wie ein Gefühl von Geborgenheit und Entspannung sich in Ihnen ausbreitet. Spüren Sie, wie Sie sich beginnen zu erholen!

Beobachten Sie, ob sich dieses gute körperliche Gefühl – vielleicht von Trost und Geborgenheit – in Ihrem Körper und in Ihrer Seele ausbreiten will. Wenn ja, dann lassen Sie es sich ausbreiten!

Nehmen Sie diese körperliche und seelische Erfahrung gut geschützt in Ihrem Inneren mit in Ihren Alltag!

Spiele, die Ihrem Kind weiterhelfen können

Das Spiel mit der heißen Kartoffel (Mobbingprophylaxe)

Dies ist eine prima Übung, um das Kind gegen Beleidigungen und Kränkungen zu immunisieren. Die Anregung dazu stammt aus dem Büchlein »Wenn Kinder Kinder mobben« und wurde von mir ausgebaut. Zuerst werfe ich Bälle in einen Topf und sage: »Stell dir vor, das wären Kartoffeln in einem Kochtopf. Sie sind glühend heiß. Aber ich hätte einen Schutzhandschuh an und kann sie herausnehmen.« Sie nehmen eine »Kartoffel« heraus und halten sie auffordernd dem Kind hin: »Hier, Rudi, nimm!« Vermutlich wird Ihr Kind brav die Hand ausstrecken und sich »verbrühen«. »Du hast gerade eine kochend heiße Kartoffel in der Hand – wie gefällt das deiner Hand?« Helfen Sie dem Kind, körperliche und verbale Schutzreaktionen zu finden, sowohl für den Fall der Verbrennung – aber noch wichtiger: für das Verhindern der Annahme! Diese Reaktionen üben Sie mit dem Kind im Spiel ein. Danach bekommen die Kartoffeln die Namen der Beleidigungen. Wichtig: Bleiben Sie auch bei den übelsten sexualisierten Schimpfwörtern ruhig, wiederholen Sie sie: »Boah, arschgefickte Fotze ist echt schlimm – das würde mich auch echt fertig machen!« Lassen Sie sich ruhig diese neuen heißen Kartoffeln selbst reichen – natürlich unter Nennung der Beleidigung! – und teilen Sie Ihre körperliche Stressreaktion mit, wenn Sie sich so was anhören müssen. Dann geht's aber an die Anwendung der präventiven Schutzreaktionen. Je offensiver, desto lustiger: Sie sagen dem Jungen: »Rudi, du Hurensohn!«, und reichen ihm zugleich die Kartoffel – und Rudi schlägt sie Ihnen mit voller Wucht aus der Hand. Oder Sie werfen ihm die Kartoffel zu, und er brettert sie mit einem Schläger gegen die Wand. Es entsteht ein befreiendes und lustiges Spiel, das die Kinder ein gutes Stück immunisiert gegen verbale Angriffe.

Wunscherfüllende Spiele und Geschichten

Oft sind traumatisierte Kinder von tiefen, herzergreifenden Wünschen erfüllt, die aber nie Wirklichkeit werden können: Dass der Papa wieder leben soll; dass das Schlimme nie passiert wäre; dass sie das Schlimme endlich vergessen …

Natürlich können auch wir ihnen diese Wünsche nicht erfüllen, aber wir können unser Verständnis anbieten und gleichzeitig die Grenzen unserer Möglichkeiten klarlegen.

Unsere Möglichkeiten sind im Falle von Verlusten und Tod:

- Wir können spielen, dass ein Wunder passiert wäre, oder der Notarzt schon aus einem anderen Grund im Haus gewesen wäre, oder eine Fee gekommen wäre, oder, oder …
  Unserer Fantasie sind keine Grenzen gesetzt!
  Das Erlebnis von Rettung im Spiel ist oft ungeheuer befreiend und entlastend. Am Schluss können wir unser Mitgefühl dafür aussprechen, dass es in der Wirklichkeit leider nicht so war.
  Dadurch wird ein Prozess des Trauerns und Loslassens in Gang gesetzt.
- Wir können uns einen Ort wünschen, wo der Papa nach seinem Tod jetzt sein soll, wo es ihm gut geht und alles schön für ihn ist. Diesen Ort bauen wir dann auf, worin ein großer Trost liegt.
- Im Falle »einfacher« traumatischer Erfahrungen: Der schreckliche Unfall wird im Spiel verhindert; die Eltern verlassen nicht die Wohnung, sondern ahnen etwas von den Absichten des scheinbar so netten Babysitters, verhindern es und prügeln ihn aus der Wohnung hinaus …
- Im Falle eines früh vernachlässigten und später aufgenommenen Kindes kann es sein, dass es spontan etwa folgendes Spielthema verfolgt: Ein kleines Tier ist einsam, hungrig und dürstend sich selbst überlassen. Sie können dann als aufnehmende Eltern fragen, ob sie mitspielen dürfen und ob es vielleicht ein gutes Tier gäbe, das sich um das Kleine kümmern würde. Wenn Ihr Kind Sie mit teilnehmen

lässt an seinem Spiel und die Idee der Rettung einmal ausprobieren möchte, kann daraus ein sehr bewegendes Spiel von Umsorgung, Wundheilung und Bergung an einem sicheren Ort werden. Seien Sie aber bitte nicht überrascht, wenn alle Ihre gutgemeinten Spielideen am Anfang wieder zunichte gemacht werden, weil zum Beispiel ein böser Wolf das Tierchen frisst. Schlagen Sie bei der Wiederholung des Spieles vor, ob es jemanden ganz Starkes und Gutes geben könnte, der den bösen Wolf fernhält, z. B. ein Wildhüter oder Förster.

Mit komplex traumatisierten Kindern und mit KEF-Kindern in Rollen zu spielen ist extrem anspruchsvoll und meist nur kinderpsychotherapeutisch leistbar. Dennoch gibt es vereinzelt Kinder, die diese Heilungsspiele von ihren Eltern oder aufnehmenden Eltern annehmen können und dann wirklich davon profitieren.

Literatur zur Vertiefung

Andreas Krüger: *Powerbook. Erste Hilfe für die Seele. Trauma-Selbsthilfe für junge Menschen.* Elbe & Krüger, Hamburg 2011
Der Autor leitet als Kinder- und Jugendlichenpsychiater die Trauma-Station des Universitätskrankenhauses Eppendorf in Hamburg. Er wendet sich direkt an ältere Kinder und Jugendliche und findet eine ansprechende Sprache, um ihnen ihre Probleme zu erläutern und Hilfe vorzuschlagen.

Alexander Korittko: *Traumatischer Stress in der Familie. Systemtherapeutische Lösungswege.* Vandenhoeck & Ruprecht, Göttingen 2012
Der Autor ist Systemischer Familientherapeut und Traumatherapeut und hat lange eine Erziehungsberatungsstelle geleitet. Er zeigt auf, wie Familie und Großfamilie ihre Kraftquellen aktivieren können, um gemeinsam traumatische Erfahrungen zu bewältigen.

Bettina Bonus: *Mit den Augen der Kinder sehen lernen. Bd 2: Die Anstrengungsverweigerung.* Books on Demand, 2008
Die Autorin ist Ärztin und hat sich seit langer Zeit auf die Beratung und Begleitung von aufnehmenden Eltern spezialisiert. Sie erläutert in ihrem dritten Band das alltägliche Problem der Anstrengungsverweigerung bei früh abgelehnten, allein gelassenen oder gewalttraumatisierten Kindern. Sie stellt ein eigenes Handlungskonzept für dieses Problem dar.

www.dorothea-weinberg.de: Hier werden weitere Texte zum Herunterladen zur Verfügung gestellt.

Gut verständliche Fachbücher:

Dorothea Weinberg: *Traumatherapie mit Kindern. Strukturierte Trauma-Intervention und traumabezogene Spieltherapie.* Klett-Cotta, Stuttgart 2005

Dorothea Weinberg: *Psychotherapie mit komplex traumatisierten Kindern. Behandlung von Bindungs- und Gewalttraumata der frühen Kindheit*. Klett-Cotta, Stuttgart 2010

Silke Gahleitner, Thomas Hensel (Hg.): *Traumapädagogik in psychosozialen Handlungsfeldern. Ein Handbuch für Jugendhilfe, Schule und Klinik*. Vandenhoeck & Ruprecht, Göttingen 2014